불영이 감춘
스님의 비밀레시피

글_ 일운

담앤북스

불영이 감춘
스님의 비밀 레시피

• 책을 내면서

몸과 마음을 행복하게 해 주는 사찰음식

불영사에 몸을 담은 지도 스무 해가 되어 가고 있다. 제가 처음 불영사에 입문하였을 때 제일 먼저 한 일이 저 천축산 높은 계곡에서 물을 불영사로 끌어오는 일이었다. 물은 우리가 살아가면서 참으로 없어서는 안 되는 생명과도 같은 것이기에 그 물 불사를 제일 먼저 하고, 다음으로 한 일이 후원의 음식을 점검하는 일이었다.

음식에 들어가는 식재료, 화학조미료, 백밀, 인스턴트음식, 백설탕, 식품첨가제 등을 다 정리하였는데 이는 우리 수행자는 음식을 맛으로 먹지 않고 도(道)를 수행하기 위해 건강을 돕는 약으로 생각해 왔기 때문이다.

그러기에 거칠고 입맛에 맞지 않더라도 건강에 맞는 자연음식을 소박하고 검소하게 섭취하였으며, 아침에는 흰죽을, 점심에는 밥을 먹거나, 저녁에는 약석(藥石:병을 치료하기 위해 먹는다는 뜻)을 하거나 혹은 오후에는 먹지 않는 불식(不食)을 하면서 수행에 전념해 온 것이다.

음식은 우리가 살아가는 데 참으로 중요하다. 물 다음으로 생명을 유지해 나가는 데 없어서는 안 되는 것이다. 왜냐하면 음식이 사람들의 몸 건강과 마음의 성품을 만들어 가기도 하기 때문이다. 그러기에 음식을 만드는 데는 식재료가 제일 중요하고, 다음은 어떠한 정성으로 만드는가이며, 그 다음은 음식을 먹는 사람들의 마음가짐이다.

오늘 제가 이야기하고 싶은 것은, '어떻게 하면 우리들이 같은 음식을 먹지만 좀 더 건강에 좋은 음식을 먹고 건강하고 행복하게 사는가?'이다.

사찰에서는 수행에 장애가 되는 금기음식으로 육류와 술과 오신채(파, 마늘, 달래, 부추, 흥거)를 들고 있는데, 『능엄경』에서는 "오신채는 익혀 먹으면 음란한 마음이 일어나고 생것으로 먹으면 성내는 마음이 더해진다"라고 말씀하고 있다.

거친 음식을 먹게 되면 자연히 사람이 거칠어지고 부드러운 음식을 먹으면 자연히 부드러워지고 편안해지듯, 음식은 우리의 성품과 연결되어 있다. 요즈음 화학첨가물이 들어간 인스턴트식품, 가공식품, 탄산음료 등 잘못된 음식문화로 인해 사람들이 산만하고 들떠 있으며 몸 또한 자생능력이 떨어지고 건강하지 못하다. 복잡한 사회 일상에서 현대인들은 스트레스를 많이 받으며 긴장·불안 속에서 살아가고 있다. 잘못된 음식문화를 바로잡아 생명을 살리고 더욱 건강하고 행복하게 살아갈 수 있도록 조그마한 힘이지만 보태고자 한다.

음식을 만드는 데 있어 중요한 것은 첫 번째로 음식재료일 것이다.
음식재료는 깨끗하고 제철에 친환경적으로 나는 신선한 재료를 이용하면 좋을 것 같다.
다음으로는 어떠한 정성으로 만드는가이다.
아무리 좋은 재료라 하더라도 음식을 만드는 사람의 정성과 사랑이 없다면 그 음식은 행복하지 못한 음식, 건강에 도움이 되지 않는 음식이 될 것이다. 설사 거친 음식이라도 사랑과 정성을 듬뿍 담아 만들었다면 그것은 최고의 음식이 될 것이며 건강에도 큰 도움이 될 것이다.

　그 다음은 음식을 먹는 사람의 마음가짐일 것이다.
　아무리 좋은 음식이라도 음식을 먹는 사람이 부정적인 생각을 가지고 먹는다면 그 음식은 건강에 도움이 되지 아니할 것이다. 그러나 성글고 좋지 않은 음식이라도 '이 음식은 나를 건강하게 하고 나를 행복하게 하는 음식이다' 라는 긍정적인 생각과 감사한 마음으로 먹는다면 그 음식은 반드시 세상에서 가장 훌륭한 음식이 될 것이다.
　사찰음식이 입에 맞은 없지만 건강에 좋고, 몸에 맞는 자연음식으로 질병이 치료되고, 과격한 성격이 변화되어 인생관이 바뀌고, 욕심과 성냄과 어리석음이 변화하여 더 큰 사랑과 자비심이 가득한 인격으로 형성된다면, 또한 그 사찰음식을 통해서 몸은 더욱 건강해지고 마음도 따뜻해지며 생명을 존중하는 창의적인 생각이 열려 내가 행복해지면, 내 주변에 함께 살고 있는 내 가족과 이웃도 함께 행복해지지 않을까!

　해마다 가을이 되면 아름다운 단풍 아래서 가을 사찰음식축제를 연다. 사찰음식축제를 열게 된 취지는 우리들이 살아가고 있는 복잡한 사회환경 속에서 시간적인 여유를 내어 산사를 찾아 사찰음식을 쉽게 접할 수 있도록 하기 위해서이며 또한 사찰음식을 각 가정에서 건강에 맞게 잘 활용하고 응용하게 하기 위한 배려에서였다.
　이번에 사찰음식에 관한 책을 미흡하나마 출간한 이유도 좀 더 쉽게 각 가정에서 자연 사찰음식을 잘 응용하여 가족의 건강을 지켜 주는 '지킴이' 역할을 하게 하기 위함이다. 사찰음식은 결코 어려운 것이 아니다. 가족에 대한 깊은 사랑과 정성만 있다면 지

    금보다 나은 건강한 몸과 따뜻한 마음을 가진 세상의 훌륭한 참주인공으로 살아갈 수 있으리라 믿어 의심치 않는다.

    그동안 사진을 찍고 자료를 수집하고 정리하느라 무척이나 애를 많이 써 준, 원주 소임을 맡고 있는 나의 제자 여몽(如夢) 스님과 사랑하는 불영사 신도들의 도움으로 이 사찰음식 책이 완성되어 기쁘기 한량없다. 또한 아름다운 책이 결실을 맺도록 지극한 정성으로 도와준 담앤북스 오세룡 사장님께도 깊은 감사의 말씀을 전한다.

    이 인연공덕으로 불영사에서 행하고 있는 염불만일수행결사가 일만 일 동안 잘 이루어져 원만히 회향될 수 있도록 부처님 전에 발원하며, 이 사찰음식을 통해서 건강한 몸과 행복한 마음으로 건강한 가정이 이루어지고 모두가 건강한 사회, 건강한 국토, 평화로운 세상이 실현되길 간절히 기원한다.

불기 2555(서기 2011)년 하안거 결제 중에 응향각에서 불영승원

주지 심전(心田) 일운(一耘) 합장

가족에 대한 깊은 사랑과 정성만 있다면
지금보다 나은 건강한 몸과 따뜻한 마음을 가진
세상의 훌륭한 참주인공으로
살아갈 수 있으리라 믿어 의심치 않는다.

• CONTENTS

07　책을 내면서

016　기본양념만들기

022
불영사의 봄
톡톡, 봄꽃 터지는 소리

밥류
032　먹버섯물을 이용한 **천문동약밥**
034　아홉 가지 잡곡 **가마솥오곡밥**
035　고려엉겅퀴 **곤드레밥**
036　속병을 없애는 **무밥**
037　긴장을 풀어주는 **표고버섯밥**
038　기억력을 증진시키는 **콩나물밥**
039　감기가 찾아오면 **콩나물김치죽(갱죽)**
040　지혜의 대명사 **시래기밥**
041　된장 맛 그대로! 투박한 **된장국밥**
042　야채들의 모임 **야채김밥**
043　다섯 가지 맛 **오미자유부초밥**
044　편안하고 깔끔한 맛 **야채김치볶음밥**
045　만들기 쉬운 **김치밥피자**
046　불영사 백련잎으로 만든 **연잎밥**

면류
048　무즙과의 조화 **메밀국수**
050　고소하고 진한 맛! **콩국수**
051　더위에 지쳤을 때 더없이 좋은 **우무콩냉국**
052　백련향 머금은 **연잎칼국수**
053　대사활동이 좋아지는 **팥칼국수**
054　향긋하고 구수한 **송이칼국수**
056　여름이 시원해지는 **냉면**
058　새콤달콤한 **쫄면**
059　스님을 웃게 만드는 **소면국수**
060　절에서 만난 영양피자 **토마토소스감자피자**

국·죽류
062　청정 울진을 대표하는 **자연송이호박국**
063　첩첩산중 천축산의 정기 **능이국**
064　울진 고포돌미역으로 끓인 **가마솥미역국**
065　들기름에 볶은 **순두부김치찌개**
066　사찰에서의 별미 **야채짜장**
067　세계보건기구가 인정한 치매 예방 **야채카레**
068　알칼리성 저칼로리식품 **감자옹심이**
069　된장 한 스푼이 추가된 **매생이국**
070　쌀뜨물을 이용한 **박국**
071　무와 콩나물이 어울리는 **모자반국**
072　속까지 시원한 **표고버섯탕국**
073　피로 개선에 좋은 **녹두전찌개**
074　겨울국의 별미 **우거지감자들깨탕국**
075　모든 죽의 기본 **흰죽**
076　새해를 맞이하며 먹는 **팥죽**
077　의지를 강하게 하는 **수삼영양죽**
078　M-100성분을 가진 **흑임자죽**
079　천연강장제 **잣죽**
080　껍질째 갈아 만드는 **녹두죽**
081　몸을 따뜻하게 하는 **단호박들깨죽**

084
불영사의 여름
아름다운 불영지의 맑은 연잎 흔들리다

겉절이 · 샐러드류

- 092 매실간장소스에 버무린 **마샐러드**
- 093 송이깨소스를 곁들인 **양상추샐러드**
- 094 사과소스에 버무린 **야채샐러드**
- 095 아일랜드소스와 **양배추샐러드**
- 096 키위소스와 **양배추샐러드**
- 097 레몬소스와 **오이샐러드**
- 098 복숭아간장소스와 **토마토야채샐러드**
- 099 매실간장소스를 이용한 **수박깻잎샐러드**
- 100 노란속배추와 어우러진 **고구마샐러드**
- 101 콩들의 합창 **모듬콩샐러드**
- 102 천연색소로 물들인 **삼색연근지**
- 103 달지 않고 시원해야 제맛! **자연송이배추겉절이**
- 104 아삭하고 새콤한 **미나리무생채**
- 105 자꾸 먹으면 반한다 **고수(새싹)겉절이**
- 106 피부미용에 좋은 **더덕오이무침**
- 107 섬유질이 풍부한 **물미역무침**
- 108 간장 양념에 버무린 **열무겉절이**
- 109 특유의 감칠맛이 뛰어난 **매생이무침**
- 110 기운이 상승하는 **콩나물겨자채**
- 111 깔끔하고 정갈한 **느타리강회**
- 112 산삼에 버금가는 **더덕겨자채**

무침 · 볶음류

- 114 중금속을 해독하는 **말린도토리묵볶음**
- 115 식이섬유가 풍부한 **곤약고추볶음**
- 116 약용 가치가 뛰어난 **능이버섯볶음**
- 117 적체와 어혈을 풀어주는 **목이버섯볶음**
- 118 향기를 머금은 **자연송이볶음**
- 120 모양도 이름도 다양한 **싸리버섯볶음**
- 121 겨울철 영양 공급 **묵나물**
- 122 비타민의 보물창고 **무청나물**
- 123 집간장에 버무린 **고구마잎나물**
- 124 산채의 으뜸 **두릅나물**
- 125 왕삼이라 불리는 **어수리나물**
- 126 숙취 해소에 좋은 **무나물**
- 127 조청 양념으로 버무린 **고추양념무침**
- 128 상큼하고 깔끔한 **노각(늙은오이)무침①②**
- 130 너무 익어버린 김치의 활용 **열무김치볶음**

조림 · 구이류

- 132 경상도 **우엉잎조림**
- 133 버릴 것이 없는 **알감자조림**
- 134 달고 부드러운 **가을무조림**
- 135 감칠맛 나는 **표고버섯꽁지조림**
- 136 담백하고 부드러운 **감자조림①②**
- 138 채식단백질의 보고 **두부조림**
- 139 담백하고 고소한 **튀긴두부조림**
- 140 혈액순환에 좋은 **더덕구이**
- 141 100년 소나무의 향기 **송이구이**
- 142 배즙 양념장에 재운 **생표고버섯구이**
- 143 피를 잘 통하게 하는 **표고버섯두부구이**

146
불영사의 가을
골골마다 드는 아름다운 단풍

찜 · 탕류

- 152 한식의 세계화 **야채떡볶이**
- 153 오장이 편안한 **야채호박찜**
- 154 샤부샤부 **야채옥수수탕**
- 155 발효음식의 신비 **묵은지통김치찜**
- 156 부드럽고 담백한 **호박선**
- 157 down에서 up **매운떡볶이**
- 158 추억이 담긴 **누룽지탕수이**
- 159 아이들도 좋아하는 **표고버섯탕수이**
- 160 부담 없이 즐기는 달콤한 **당면찜**
- 162 담백하고 시원한 **두부버섯탕**
- 163 속이 편안한 **떡버섯탕**
- 164 시원한 국물맛 **유부주머니탕**

잡채 · 별식류

- 166 최고의 웰빙음식 **손두부**
- 168 종합영양 섭취 **모듬잡채**
- 169 깔끔하고 매콤한 맛 **고추잡채**
- 170 삼근리 **도토리묵 · 도토리떡**
- 172 화합의 장 **구절판**
- 173 기분을 온화하게 하는 **야채양장피**
- 174 최고의 다이어트 식품 **우무양념무침**
- 175 겨자소스 **모듬채쌈말이**
- 176 부드러운 맛과 좋은 향 **느타리깐풍기**
- 178 여름에 먹는 **깻잎만두**
- 179 추운 겨울날의 별미 **야채김치만두**
- 180 고소한 별미 **수수부꾸미**
- 182 천연즙을 이용한 **찹쌀부꾸미**

전 · 튀김류

- 184 덩굴째 굴러온 **늙은호박전**
- 185 해독의 명약 **녹두전**
- 186 동삼에 비유되는 **무전**
- 187 소박하게 맛있는 **배추전**
- 188 야채와 어우러진 **표고버섯전**
- 189 독특한 향과 맛! **어수리전**
- 190 달고 담백한 **애호박전 · 감자전**
- 192 기분좋은 향긋함 **미나리전**
- 193 배초향 **방아장떡**
- 194 고구마를 이용한 **식빵롤튀김**
- 195 땅 속의 사과 **감자튀김**
- 196 바삭해서 맛있는 **통고추튀김**
- 197 바삭하고 고소한 **숙주춘권튀김**
- 198 장기능 개선의 왕 **고구마맛탕**
- 199 가을햇살 머금은 **감자부각**
- 200 염화미소 **연잎부각**
- 202 봄이 오는 길목에서 **생강나무잎부각**
- 203 청정바다식품 **김부각**

206
불영사의 겨울
세상에서 가장 예쁜 꽃 피어나다

밑반찬류

214 미네랄효소가 풍부한 **우엉조림①②**
215 요오드가 풍부한 **김무침**
216 면역력을 키워주는 **복숭아장아찌①②**
218 변비 예방에 좋은 **미역줄기장아찌**
219 알칼리성 뿌리채소 **야콘장아찌**
220 입맛을 돋우는 **콩잎지①②**
221 매운맛이 어우러진 새콤달콤 **오이지**
222 위궤양에 특효 **가죽장아찌①②**
224 고추씨를 이용한 **무짠지**
225 쫄깃하면서 부드러운 **양송이간장**
226 소화제로 좋은 **능이지**
227 비타민C가 풍부한 **감장아찌**
228 항암작용이 뛰어난 **곰취장아찌**
229 향을 즐기자 **방아잎장아찌**
230 몸 안을 소독해 주는 **매실장아찌①②**
232 톡 쏘는 향 **제피잎장아찌**
233 해풍을 머금은 향 **방풍잎장아찌**
234 부드럽고 깊은 맛 **찜된장①②**
236 개간밭에서 수확한 콩 **콩장조림①②**
237 365일 상에 오르는 **두부간장**
238 위장에 좋은 **산초간장**

김치류

240 순박하고 부드러운 **박김치·박물김치**
242 시원한 보리쌀풀로 만든 **콩잎물김치**
243 천연소화제 **겨울동치미**
244 보리밥과 비빔국수에 어울리는 **열무김치**
245 시원하고 상큼한 **열무물김치**
246 머리를 맑게 하는 **상추김치**
247 깔끔하고 향긋한 **송이오이소박이**
248 아삭아삭 **깍두기**
249 이름도 재미있는 **고들빼기김치**
250 만인이 공감하는 **배추김치**

차·다식류

252 칼칼한 목에 **모과차**
253 몸을 따뜻하게 하는 **쑥진액**
254 간식과 함께하는 천연잼 **쌀조청**
255 달콤한 **과일양갱**
256 약이 되는 **쑥버무리**
257 600년 은행나무 **은행잎차와 열매**
258 노스님께 배우다 **김자반**

260 남기는 글
267 편집후기

기/본/양/념/만/들/기

••• 불영사에서 사용하는 양념들

채수, 된장, 고추장, 쌈장, 집간장, 조림간장, 편생강, 통생강, 다진생강, 천연소금, 볶음소금, 죽염, 말린홍고추, 고추씨, 치자, 청량고춧가루, 굵은고춧가루, 가는고춧가루, 참기름, 들기름, 콩기름(튀김 또는 전), 포도씨유(볶음용), 올리브유(볶음용), 매실효소, 복숭아효소, 통후추, 후춧가루, 겨자, 레몬즙, 표고버섯가루, 고추냉이, 고추기름, 배즙, 사과즙, 쑥효소, 식초, 감식초, 꿀, 물엿, 황설탕, 통깨, 깨소금, 흑임자, 잣가루, 땅콩가루, 호두가루, 카레, 강황, 초고추장, 제피가루, 계핏가루, 통밀가루, 메밀가루, 다시마가루

 천연조림간장

*** 생활 속의 지혜**

화학조미료에 길들여진 입맛을 바꾸려면 조림간장 만들기에서 시작되어야 할 것 같다. 물엿 대신 단맛이 나는 과일을 듬뿍 넣기도 하고 산야초 등 약초를 넣어도 된다. 조림간장만으로도 겉절이나 무침, 조림 등에 쉽게 맛을 낼 수 있다.

:: **재료** 다시마, 표고버섯, 검은콩, 찹쌀, 집간장, 물엿
:: **만들기**
1 솥에 물과 표고버섯을 넣고 끓이다가 다시마를 넣는다.
  _ 다시마와 표고버섯이 우러나도록 불을 낮춘 후 뭉근히 끓인다.
  _ 다시마와 표고버섯은 건져 내고 채수만 남긴다.
2 채수에 찹쌀과 집간장을 넣고 끓인 후 찹쌀은 건져 낸다.
  _ 찹쌀을 넣으면 집간장의 짜고 씁쓸한 맛을 흡수하여 준다.
3 검은콩은 터지지 않을 정도로 따로 삶은 후 콩물만 남긴다.
  _ 콩은 오래 삶으면 메주콩 냄새가 난다.
4 채수와 콩물을 합친 후 물엿을 조금 넣고 물 양이 2/3가 되도록 푹 졸인다.
  _ 물엿을 많이 넣으면 맛이 달고 진득해 음식 하기가 불편하다.

🥣 양념간장 (고추, 고수, 제피)

::**재료** 집간장, 조림간장, 다진 청·홍 고추, 고춧가루, 깨소금
::**만들기**
1 집간장과 조림간장을 1 대 5로 섞는다.
2 간장에 나머지 재료를 넣고 섞는다.
　_ 고추는 색깔이 검게 변해 가므로 먹을 만큼 다져서 사용한다.
3 먹기 전에 참기름을 약간 넣어 고소한 맛을 낸다.
4 고추 대신 고수나 제피를 사용한다.
5 각종 전이나 튀김, 두부조림, 묵, 열무·오이 겉절이 등 가장 일반적으로 사용하는 양념이다.

🥣 표고버섯양념간장

::**재료** 다진 표고버섯, 올리브유(식용유), 조림간장, 고춧가루, 깨소금, 참기름
::**만들기**
1 다진 표고버섯은 올리브유(식용유)를 넣고 볶는다.
2 조림간장에 볶은 버섯을 넣고 고춧가루, 깨소금, 참기름을 넣는다.
3 비빔밥이나 전, 조림, 비빔면 등의 양념으로 사용한다.

천연채수

*생활 속의 지혜

　채수는 모든 음식의 기본으로 사용되며 국, 탕, 찌개, 칼국수 외에 조림, 볶음 시에도 사용한다. 채수를 이용하면 진하고 깊은 맛의 음식을 손쉽게 만들 수 있다.

::**재료** 무, 다시마, 표고버섯
::**만들기**
1 무는 껍질째 씻어 둥글납작하게 썰어 놓는다.
2 솥에 물을 넉넉히 붓고 무와 표고버섯을 먼저 넣고 끓인다.
3 물이 끓으면 다시마를 넣고 끓이다가 불을 낮춘다.
4 버섯과 다시마, 무는 푹 우려낸 후 건져 내고 채수는 시원한 곳에 보관해 둔다.

🍲 청국장

장(醬)이라 하면 간장을 말하나 된장과 청국장, 막장, 고추장을 아우르기도 한다. 메주는 '삼국사기'에 문헌으로 등장하며 고려시대에는 '굶주린 백성에게 구황식품으로 장을 배급했다'는 기록이 있고 조선시대에는 고추를 이용한 만초장(고추장)이 등장한다.

:: **재료** 메주콩, 짚, 참솔잎

:: **만들기**

1. 늦가을 콩 추수 기간에 미리 국산 콩을 주문한다.
2. 좋지 않은 콩은 골라 내고 양질의 콩을 분리한다.
3. 콩은 깨끗이 씻어 가마솥에 물을 붓고 삶는다(8시간 정도).
4. 삶은 콩은 소쿠리에 건지고 물은 통에 담아 둔다.
   _ 이 콩물은 된장 담글 때 사용한다.
5. 소쿠리에 짚을 깔고 콩을 얹은 다음 참솔잎을 덮는다.
6. 따뜻한 방에서 3~4일 정도 콩을 띄운다.
   _ 이때 두꺼운 이불이나 천을 덮어 둔다.
7. 진이 난 콩을 빻아서 보관한다.
   _ 국산 콩이라야 잘 띄워지고 맛이 고소하고 담백하다.

🍲 김치양념

＊생활 속의 지혜
김치양념이 남았을 경우 깻잎지나 무말랭이, 겉절이 등에 활용한다.

:: **재료** 진한 채수, 찹쌀풀, 고춧가루, 소금, 생강, 배, 무, 깨소금, 통깨

:: **만들기**

1. 생강, 배, 무는 즙을 낸다.
2. 진한 채수에 찹쌀풀, 고춧가루 등 갖은 양념을 넣고 섞어 준다.
   _ 홍고추가 나는 계절에는 고춧가루 약간과 홍고추 간 것을 섞는다.
3. 깨소금과 통깨를 넣어 마무리한다.
   _ 열무김치의 경우 보리쌀에 감자 삶은 죽을 사용하면 시원한 맛을 낸다.

🍚 김장김치양념

:: **재료** 진한 채수, 찹쌀풀, 갓, 청각, 고춧가루, 소금, 생강, 배, 무, 통깨

:: **만들기**

1 표고버섯을 넉넉히 넣어 채수를 평소보다 진하게 우려낸다.
2 채수에 찹쌀풀을 쑨다.
3 생강, 배, 무는 갈아 즙을 낸다. _ 무는 채썰어 넣어도 된다.
4 갓과 청각은 적당한 길이로 자른다.
   _ 청각은 자르지 않고 김치 사이사이에 켜켜이 넣어 준다.
5 찹쌀풀에 모든 양념을 넣어 가며 잘 섞어 준다.
6 통깨를 넣고 소금으로 간한다.

🍚 채식두부마요네즈

:: **재료** 두유, 두부, 잣, 호두, 소금, 레몬즙, 포도씨유

:: **만들기**

1 믹서에 두부, 두유, 잣, 호두를 넣고 믹서한다.
   _ 잣은 기름진 맛을, 호두는 고소한 맛을 낸다.
2 포도씨유와 레몬즙 약간을 넣고 다시 믹서한다.
   _ 채식마요네즈의 경우 보통 두유와 기름을 1 대 1로 넣으나 두부를 사용하면 기름을
   적게 쓰고 담백한 맛과 고소한 맛을 더하는 장점이 있다.
3 두부와 두유 자체의 간만으로도 충분하나 기호에 따라 소금으로 간한다.
4 샐러드, 야채, 빵 등에 사용한다.
   _ 유효기간이 길지 않으므로 필요할 때마다 만들어 사용하고, 처음에는 묽지만 시간
   이 지나면서 점차 응고가 되므로 참고한다.

부처바위에서 바라본 불영사 전경

천축선원 앞마당의 금강미인송

불영사의 봄

톡톡, 봄꽃 터지는 소리

    천지는 고요한데 눈부시게 환하다. 온통 분홍빛이다. 이 눈부신 햇살을 도저히 피할 길이 없어 주위를 둘러보니 연둣빛도 새로 만들어지고 있다. 어디선가 톡톡 소리가 난다. 톡톡. 봄꽃이 터지고 있다.
    불영사. 의상 대사가 인도의 천축산과 꼭 닮은 산세에 '천축산'으로 이름 지었다는 이곳 천축산 품에 안겨 불영사계곡과 함께 세월을 맞고 있는 곳. 651년 의상 대사가 창건한 불영사에 봄이 오고 있다. 새로운 세상이 열리고 있다. 우리도 그렇게 새 세상을 열어 보자. 우리 안의 불성(佛性)을 깨워 보자.

부처님의 그림자 연못에 담은 불영사 佛影寺

혹 하고 숨을 들이쉬면 불영사계곡의 서늘하고 청량한 기운이 가슴속까지 들어찬다. 답답했던 마음이 한순간에 뚫린다. 여기가 어딘가 싶어 고개를 돌려 보면 울울창창 소나무 빽빽한 솔숲이다. 눈이 시리고 마음이 차분해진다.

이곳을 지나던 의상 대사가 인도의 천축산과 꼭 닮은 산세에 '천축산'으로 이름 지었다는 천축산 품에 안겨 불영사계곡과 함께 세월을 맞고 있는 불영사. 경상북도 울진군 서면 하원리 천축산에 위치한 불영사는 651년 의상 대사가 창건한 유서 깊은 사찰로, 현재 대한불교조계종 제11교구 본사 불국사의 말사이다.

불영사 창건과 관련해서는 다음과 같은 이야기가 『천축산불영사시창기天竺山佛影寺始創記』에 나온다.

신라의 오래된 비석에 의하면 당나라 영휘 2년에 의상 법사가 동경(지금의 경주)에서 바닷가를 따라 올라가 단하동으로 들어가 해운봉에 올라갔던 이야기가 나온다. 거기에서 북쪽

을 바라보니, 서역의 천축산을 옮겨온 듯한 지세가 있었다. 가까이 가 보니 맑은 물 위에 다섯 부처님이 비치어 더욱 기이하게 생각했다. 물길을 따라 내려가 금탑봉에 올라가 보니 아래에 독룡이 사는 폭포가 보였다. 대사는 독룡에게 설법하고 절을 지을 수 있도록 이 땅을 보시하길 청했으나 용이 따르지 않자 법력으로 쫓아냈다. 용은 분하여 산을 뚫고 돌을 부수며 떠났는데 대사가 못을 메워 사찰을 창건했다. 의상 대사는 남쪽에 청련전(靑蓮殿)을 짓고 무영탑(無影塔)을 세워 비보(裨補·풍수상 허약한 지형에 건물이나 탑을 세워 기운을 북돋는 일)한 뒤 산 이름을 천축산, 절 이름을 불영사라 하였다.

그런데 이 창건담 이후에 전해지는 또 하나의 이야기가 있으니, 불영사가 지어지고 한참 세월이 흘러 의상 대사가 다시 불영사를 방문했을 때 한 노인이 의상 대사를 보자마자 매우 기뻐하며 '부처님이 돌아오시는구나'라고 하여 '불귀사'라고도 불렸다는 이야기이다. 여러 자료를 보면 실제로 조선시대에는 불귀사로 불렸다.

　불영사는 화재로 타 버린 것을 1397년에 소운 스님이 중창하였는데 그 후 임진왜란으로 다시 소실된 것을 1602년에 인성 스님이 대웅전을 짓고 1603년에 성원 스님이 선당을 짓는 등 여러 차례 중수하였다.

　그 이후 약 100여 년간 도량이 많이 쇠락해진 채 신라 전통 고찰이라는 명맥으로만 유지되어 오다가 1991년 현재 주지 심전 일운 스님이 5년간의 대만 유학을 마치고 불영사에 오면서부터 소리 없이 자리하던 고찰은 최근 20여 년 만에 동해 일원의 최대 비구니 참선도량으로 변모했다.

　주지 심전 일운 스님은 일주문을 신축하고 대웅전을 중수 복원하면서 1994년 대웅전과 후불탱화를 문화재로 지정되게 하였다. 1994년 가을에는 울진 기성 5312연대에 군법당 불일호국사를 신축하였으며 이후 천축선원, 무위당, 황화실, 청운당, 청풍당, 반야당, 설선당, 법영루, 의상전, 심우당, 희운당, 향운당, 법운당, 심전당, 단하당, 세심제, 청남당, 응향각, 수장고, 유물전시관, 불영교, 설법전을 신축 및 복원하였으며 현재도 중창 불사는 계속되고 있다.

　천축산을 끼고 있는 불영사계곡은 생태보호지역인데 요즘 보기 드문 꼬리진달래와 백리향을 비롯하여 560여 종의 식물이 자생하고 있다. 또한 조류 11종, 어류 42종, 포유류 17종, 나비 30종, 거미류 94종이 살고 있음이 학술조사를 통해 밝혀졌는데 불영사는 불영사 주변의 자연환경 생태 보존을 위해서도 계속 노력하고 있다.

어디선가 톡톡 소리가 난다.
톡톡, 봄꽃이 터지고 있다.

밥류

불영사에는 백련이 무성하게 피어난다. 무성하게 피어난 백련의 향기는 온 도량을 메우고 지나가는 이들의 발걸음을 멈추게 한다. 백련은 뿌리, 잎, 꽃이 모두 약용으로 사용되는데 타박상에 연잎을 붙이면 금세 그 효과를 볼 수 있다. 향으로 가득한 연잎 속에 잡곡찰밥을 쪄서 향을 가득 머금게 한 후 한 잎 한 잎 먹는 연밥 맛이 일품이다.

먹버섯물을 이용한
천문동약밥

요즘은, 굳이 번거로운 방식이나 장시간을 이용해 밥을 짓는 경우는 흔하지 않다. 재료를 한꺼번에 넣고 압력밥솥 등을 이용하면 손쉽게 얻을 수 있다. 그러나 시간을 두고서 살피고 뒤적여 가며 정성을 기울이는 마음…, 어디서 얻을 수 있을까! 구멍도 없는 찜솥에서 서서히 알알이 퍼지는 부드러우면서도 차진 밥을 보며 미소 짓는다.

천문동은 대당문근, 만세등, 팔백세라고도 불리는데 맛이 달고 차갑다. 잎과 줄기는 아스파라거스를 닮았는데, 풍을 치료하고 골수를 메우는 효능이 있다. 지황과 함께 달여 먹으면 머리카락이 하얗게 세는 것을 막는다고 한다.

:: **재료** 찹쌀, 천문동, 오미자진액, 먹버섯, 밤, 대추, 은행, 잣

:: **만들기**
1 천문동은 쪄서 껍질을 벗긴 후 잘게 썰어 놓는다.
2 먹버섯은 모래를 씻어 낸 후 삶아 믹서에 간다.
3 찹쌀을 씻어 천문동, 갈아 놓은 먹버섯, 밤, 은행, 대추, 잣과 섞는다.
4 일반 약밥과 같이 찌되 설탕을 대신하여 오미자진액을 넣는다.

아홉 가지 잡곡
가마솥 오곡밥

정월대보름이다. 공양간에서는 타닥타닥 장작불을 지펴 가마솥에 오곡밥을 짓고 미역국을 끓이고, 채공간에서는 일곱 가지 나물로 부처님 전에, 스님들께 공양 올리며 여러 신도분들과 함께 3일기도로 동안거 회향 준비가 한창이다. 김이 모락모락 나고 있는 가마솥의 뚜껑이 드디어 열렸다. 캬~~. 향기로운 냄새가 난다. 어떻게 밥에서 이런 향이 나지? 비결은 싸리나무에 있었다. 싸리나무를 꺾어다가 솥 제일 아래에 깔아 두고 그 위에 밥을 찌는 것이다. 눈과 코와 입이 다 같이 행복해지는 오곡밥이다.

정월대보름에 먹는 음식으로 널리 알려져 있는 오곡밥은 항암, 항염증, 항산화 활성이 높은 잡곡으로 나물과 김을 곁들이면 훌륭한 보양식이 된다. 찹쌀은 열이 많은 식품으로 식욕 부진이나 소화 불량에도 효능이 있다.

:: **재료** 찹쌀, 기장, 수수, 차조, 팥, 강낭콩, 밤, 은행, 대추 :: **양념재료** 소금, 참기름

:: **만들기**

1 찹쌀과 잡곡류(기장, 수수, 차조)는 씻어서 반나절 정도 불려 놓는다.
2 밤은 깎은 뒤 2~3등분하고 은행은 깨끗이 손질한다.
3 대추는 씨를 발라 적당한 크기로 잘라 놓는다.
4 팥은 한 번 삶아 물을 버린 후 팥알이 터지지 않도록 다시 삶는다.
5 찹쌀과 기장, 수수, 차조를 섞어 솥에 넣고 밥을 짓는다.
6 밥물이 한 번 끓으면 밤, 은행, 강낭콩, 대추, 삶은 팥을 넣는다.
7 중간중간에 물(한 대접)+소금(1티스푼)+참기름(3~4방울)으로 간을 해 주며 뒤적인다.

고려엉겅퀴
곤드레밥

곤드레는 동의보감에 "성질이 평하고 맛이 쓰며 독이 없다"고 하며 혈액순환을 원활하게 하고 간세포막을 안정시키는 특징을 가진 것으로 알려져 있다. 봄에는 신선한 나물이나 국, 장아찌로 활용하고 가을·겨울에는 저장해 둔 묵나물로 나물밥을 하여 영양을 보충하고 기분을 전환시켜 본다. 부드럽고 향긋한 곤드레나물 향이 들뜬 기운은 가라앉히고 처진 기운은 안정되고 따뜻하게 변화시키는 데 도움을 줄 것이다. 고려엉겅퀴는 곤드레의 또 다른 이름이다.

∷ **재료** 곤드레나물, 멥쌀   ∷ **양념재료** 들기름, 소금, 양념간장

∷ **만들기**

1 곤드레나물은 흙이 나오지 않도록 두세 번 헹군 후 끓는 물에 살짝 데친다.
2 데친 곤드레나물은 찬물에 헹궈 건진 후 듬성듬성 썰어 들기름과 소금을 넣고 조물조물 무친다.
3 씻은 멥쌀에 곤드레나물을 넉넉히 넣고 솥에 안친다.
   _ 물 양은 멥쌀에 맞추되 평소보다 조금 적게 한다.
   _ 아래에 쌀을 놓고 위에 데친 나물을 얹는다.
4 밥이 다 되면 충분히 뜸을 들이고 양념간장을 곁들인다.

속병을 없애는 무밥

무를 많이 먹으면 속병이 없다고 한다. 텃밭에 직접 키운 무를 채썰어 양념간장에 비벼 먹으면 그만인 무밥을 지어 보았다. 특히 무는 기침이 심할 때, 소화가 안 될 때 먹으면 효과가 있는데, 김치, 즙, 적, 생채, 나물, 국 등 거의 모든 음식에 들어가는 기본 뿌리채소이기도 하다.

:: **재료** 무, 멥쌀

:: **양념재료** 양념간장, 소금

:: **만들기**

1 무는 둥글게 자른 후 조금 도톰하게 채썬다. _ 무 양은 쌀의 3~4배로 넉넉하게 한다.
2 쌀을 씻어 안친 후 위에 채썬 무를 얹고 소금을 뿌린다.
   _ 무에서 물이 나오므로 물 양은 평소의 8부 정도만 잡는다.
3 충분히 뜸을 들인 후 잘 섞어 그릇에 담는다.
4 양념간장을 곁들인다.
   _ 무밥, 버섯밥, 콩나물밥, 보리밥 등은 압력밥솥을 이용하면 질거나 떡밥이 되기
     쉬우므로 전기밥솥을 이용한다.

긴장을 풀어주는
표고버섯밥

동의보감에 "표고버섯은 성질이 평하고 맛이 달며 독이 없다"고 전한다. 열량이 낮고 혈액 생성을 원활하게 하여 깨끗한 피를 유지시켜 준다.

::**재료** 멥쌀, 건표고버섯

::**양념재료** 양념간장, 집간장, 조림간장, 들기름, 채수

::**만들기**
1 쌀은 씻어 건져 둔다.
2 건표고버섯은 불린 다음 꼭지를 따고 채썰어 집간장, 조림간장, 들기름에 재운 뒤 볶는다.
   _ 팬에 채수를 약간 부어 가며 버섯이 쫄깃해지도록 10분 정도 볶는다.
3 쌀과 표고버섯을 넣고 쌀 양에 맞춰 밥을 짓는다.
   _ 물 양은 평소보다 조금 적게 한다.
4 양념간장을 곁들인다.

기억력을 증진시키는
콩나물 밥

"정성을 다했는데…."
먼 서산에서 습으로 키운 콩나물 열한 시루가 한꺼번에 공양이 들어와 콩나물밥에 콩나물국으로 메뉴를 정했다. 길이는 시중의 1/3 정도이고 지나치게 굵지도 않다. 정말이지 보기만 해도 산뜻하고 신선한 느낌이 절로 든다. 법회가 있어 가마솥에 넉넉히 밥을 짓기로 했다. 네 시루를 씻어 한 시루는 국을 끓이고 세 시루는 밥을 하고…. 그런데 뜸을 들이다 보니 밥 타는 냄새가 난다. 얼른 불씨를 꺼내 조절했지만 화근내가 없어지지 않는다. 신경 써서 하지 못한 아쉬움과 미안함이 앞선다. 남아 있는 콩나물은 나물, 찜, 찌개, 볶음, 전으로 공양을 올릴 참이다.

:: **재료** 콩나물, 멥쌀 :: **양념재료** 양념간장, 소금

:: **만들기**

1 쌀은 미리 씻어 건져 둔다.
2 콩나물은 쌀의 6~7배로 씻은 후 물기를 뺀다.
3 솥에 씻은 쌀을 안친 후 콩나물을 얹고 소금을 적당히 뿌려 준다.
   _ 전기밥솥을 이용한다.
4 충분히 뜸을 들인 후 골고루 섞어 그릇에 담고 양념간장을 곁들인다.

> 콩에는 비타민C가 전혀 없으나 콩나물에는 생합성된 비타민C가 많아 감기 국으로 널리 애용되고 있다.

감기가 찾아오면
콩나물김치죽(갱죽)

콩나물김치죽은 남은 밥을 이용하면 시간을 절약할 수 있으며, 냉이를 넣으면 향긋함이 입맛을 더욱 돋우기도 한다. 냉이 대신 (말린)능이버섯이나 무를 넣으면 겨울 감기 국으로 으뜸이다. 며칠째 기침감기로 입맛을 잃고 어떤 것도 삼키기 힘들 때, 국물 넉넉한 뜨거운 갱죽 한 그릇이 몸의 기운을 돋운다. 넘어가지 않을 것 같았는데 의외로 시원하고 매콤한 맛이 몸 안의 찬 기운을 내보내는 것 같다.

::**재료** 밥, 콩나물, 밀가루, 김치   ::**양념재료** 채수, 다진 생강, 소금, 김치국물

::**만들기**

1 밀가루는 수제비용으로 준비하여 반죽하여 둔다.
  _ 수제비 대신 감자를 넣어도 된다.
2 김치는 적당한 크기로 썰고 콩나물은 깨끗이 씻어 둔다.
3 김치에 채수를 붓고 끓이다가 반죽해 둔 밀가루를 떠 넣고 다진 생강을 넣는다.
4 수제비가 익으면 밥과 콩나물을 넣고 5분 정도 끓이다가 불을 끈다.
  _ 김치국물과 소금으로 간한다.

지혜의 대명사
시래기밥

10월쯤 밭에서 무를 뽑고 나면 버려질 것 같은 잎을 거두어서 말린다. 겨울철에 부족해지기 쉬운 비타민과 미네랄이 풍부한 시래기는 최근에는 간암 억제에 효능이 있다고 밝혀졌다. 시래기는 주로 찌개, 국, 나물로 이용되지만 양념간장을 곁들인 나물밥도 별미 중의 별미로, 선조들의 지혜를 엿볼 수 있는 훌륭한 음식이 된다. 질길 것 같은 느낌이 들지만 전혀 그렇지 않고, 들기름과 집간장에 조물조물 무친 나물밥은 의외로 연하고 부드러우며 그 어떤 나물밥과 비교할 수 없이 구수하고 담백한 맛을 낸다.

:: **재료** 시래기, 멥쌀

:: **양념재료** 들기름, 집간장, 양념간장

:: **만들기**
1. 시래기는 깨끗이 씻어 먹기 좋은 길이로 자른다.
2. 손질한 시래기를 들기름과 집간장을 넣고 주물러 간이 배게 한 후 볶아 둔다.
3. 쌀을 안친 후 볶은 시래기를 올린다. 이때 시래기는 쌀 양의 3~4배로 넉넉히 넣는다.
   _ 물 양은 쌀 양에 맞추되 평소보다 약간 적게 넣는다.
4. 밥이 되면 시래기를 골고루 섞은 후 그릇에 담는다.
5. 양념간장을 곁들인다.

된장 맛 그대로!
투박한

된장국밥

옛사람들은 된장의 맛을 다섯 가지의 덕으로 표현하기도 했는데, 단심(丹心)은 다른 맛과 섞여도 제 맛을 잃지 않으며, 항심(恒心)은 오래 두어도 변질되지 않고, 불심(不心)은 기름진 냄새를 없애 주며, 선심(善心)은 매운맛을 부드럽게 해 주고, 화심(和心)은 어떤 음식과도 잘 조화된다는 의미이다. 이와 같은 된장으로 끓인 국밥은 막힌 속을 풀어 주는 듯하며 조금 넉넉하게 먹어도 속이 거북하거나 위에 부담이 없고 공복에 먹어도 편안하다는 것이 큰 특징이다.

:: **재료** 밥, 물표고버섯, 두부, 풋고추   :: **양념재료** 된장, 채수, 고춧가루

:: **만들기**
1 물표고버섯은 기둥을 따고 적당하게 손으로 뚝뚝 잘라 놓는다.
2 두부와 풋고추는 적당한 크기로 자르거나 다진다.
3 솥에 채수를 붓고 끓으면 표고버섯과 두부를 넣어 끓이다가 풋고추를 넣는다.
4 3에 된장을 풀고 고춧가루를 약간 넣은 뒤 밥을 넣고 저어 준다.
   _ 이때 된장국이 조금 심심하다 생각될 정도로 넣는 것이 좋다.
5 야채가 익고 밥알이 약간 퍼지면 불을 끈다.

야채들의 모임
야채김밥

하안거, 동안거가 되면 매주 월요일(합창단), 관음재일(경전반), 약사재일(약사회), 그믐날(화엄회), 그리고 매월 7일(칠여회)은 신도님들이 직접 스님들께 공양을 올린다. 그때면 매번 첫 공양으로 손이 많이 가는 유부초밥과 김밥을 정한다. 기호에 맞게 제철 야채를 준비해서 즉석에서 만 김밥을 정성스럽게 준비한다. 노스님들께는 씹기 힘든 단무지를 빼고, 김치김밥과 약간의 치즈김밥도 준비한다. 밥은 꼬들꼬들하거나 죽밥이 되지 않도록 주의하고 야채는 전체적으로 촉촉하게 볶거나 무친다. 시원한 콩나물국이나 맑은 된장국을 곁들이면 제격이다.

:: **재료** 멥쌀, 당근, 시금치, 표고버섯, 유부, 우엉, 김치, 양배추, 구운 김

:: **양념재료** 소금, 참기름, 통깨, 조림간장, 채수, 고추간장(고추냉이간장)

:: **만들기**
1 당근, 표고버섯은 채친 후 볶고 우엉과 유부는 채수와 조림간장을 넣고 조린다.
2 김치는 길게 썰거나 채썬 후 물기를 짠다.
3 시금치는 데친 후 양념하여 무치고 양배추는 가늘게 채친다.
4 밥이 되면 소금, 참기름, 통깨를 넣어 섞고 갖은 야채와 김밥말이한다.
5 고추간장이나 고추냉이간장을 곁들인다.

다섯 가지 맛
오미자 유부초밥

유부초밥의 특징은 새콤달콤함이다. 오미자유부초밥은 식초나 설탕 대신 오미자를 이용하여 밥을 한 것이 특징이다. 오미자는 뇌기능을 튼튼하게 하고 정신을 안정시켜 치매를 예방하고 학습능력, 천식, 시력 회복에 도움을 준다고 한다. 시고 달고 맵고 쓰고 짠 다섯 가지 맛과 깔끔한 야채가 어우러진 유부초밥이다.

:: **재료** 멥쌀, 오미자, 사각유부, 건표고버섯, 우엉, 당근, 적·황 파프리카, 피망

:: **양념재료** 채수, 조림간장

:: **만들기**
1 오미자를 진하게 우려낸 물로 초밥용 밥을 짓는다.
2 사각유부는 뜨거운 물에 데친 후 채수와 조림간장을 넣고 조린다.
  _ 촉촉힘이 있도록 물기를 살짝 짜고 삼각모양으로 자른다.
3 건표고버섯, 우엉은 다진 후 조림간장으로 약하게 간하여 볶는다.
4 당근, 적·황 파프리카, 피망은 다진 후 물기를 꼭 짠다.
5 오미자 밥에 야채를 넣고 섞어 준 후 유부에 넣는다.

편안하고
깔끔한 맛

야채김치 볶음밥

야채는 오이, 양배추, 호박 등을 이용하거나 간단하게 김치만을 이용하기도 한다. 들기름이나 깻가루를 넣어 볶으면 특유의 고소한 맛을 느낄 수 있다. 아스파라거스를 다져 넣으니 김치와 어우러져 더욱 향긋하다. 된장찌개나 맑은 콩나물국, 버섯국을 곁들이면 좋을 듯하다.

:: **재료** 밥, 다진 김치, 다진 야채(물표고버섯, 감자, 당근, 아스파라거스)

:: **양념재료** 김치국물, 소금, 포도씨유

:: **만들기**
1 팬을 달군 후 포도씨유를 넣는다.
2 다진 김치를 넣고 볶다가 야채들을 넣고 볶는다.
3 밥을 넣고 섞은 후 김치국물과 소금으로 간을 맞춘다.

만들기 쉬운
김치밥 피자

밥이 남아 있지만… 피자를 먹을 수는 없을까?
절에 오래 계신 우리 절 부목처사님은 밖에 나가서 음식을 사 먹는 일도 없고, 피자나 유제품 음식을 드시는 일도 거의 없다. 아주 가끔 스님들이 김치피자를 만들곤 하는데 유일하게 이것만큼은 "맛있어요~" 하면서 두세 조각을 떠가시곤 한다. 그만큼 나이 드신 분들의 입맛에도 맞고 젊은 사람이나 김치를 멀리하는 아이들도 깔끔하고 전혀 느끼하지 않은 것에 호감과 호기심을 동시에 갖는 것이 김치피자의 특징이다.

:: **재료** 밥, 김치, 치즈, 파프리카

:: **양념재료** 콩기름

:: **만들기**

1 김치는 채썰어 물기를 꼭 짜서 밥과 함께 비빈다.
  _ 보통은 1 대 1로 하면 되지만 기호에 맞게 양을 맞춘다.
2 파프리카는 곱게 다지고 물기는 짜지 않아도 된다.
3 팬에 콩기름을 바르고 비빈 밥을 펼친 후 치즈를 고루 뿌려 준다.
4 치즈 위에 다진 파프리카를 뿌리고 다시 약간의 치즈를 올린다.
5 중불에서 5분 익힌 후 약불에서 25분 정도 서서히 익힌다.

불영사
백련잎으로 만든
연잎밥

불영사에는 8월이면 백련이 무성하게 피어난다. 무성하게 피어난 백련의 향기는 온 도량을 메우고 지나가는 이들의 발걸음을 멈추게 한다. 백련은 뿌리, 잎, 꽃이 모두 약용으로 사용되는데 타박상에 연잎을 붙이면 금세 그 효과를 볼 수 있다. 향으로 가득한 연잎 속에 잡곡찰밥을 넣어 쪄서 향을 가득 머금게 한 후 한 잎 한 잎 먹는 연밥 맛이 일품이다.

:: **재료** 연잎, 실, 잡곡(찹쌀, 흑미, 기장, 수수, 콩, 대추, 밤, 은행)

:: **양념재료** 소금, 양념간장

:: **만들기**
1 잡곡에다 소금을 조금 넣고 밥을 한다.
2 깨끗이 씻은 연잎에 밥을 얹은 후 잘 감싸 실로 묶는다.
3 가마솥(찜솥)에 연밥을 안치고 푹 찐다.
4 양념간장을 곁들인다.

면류

매년 부처님 오신 날이 끝나고 여름 하안거 결제가 시작되면 14개 신행단체가 매주 토요일 점심시간을 전후로 하여 오후 늦게까지 무료국수급식을 한다. 스님들이 좋아하는 국수를 멀리서 불영사를 찾아오는 분들에게 드리는데, 진한 채수에 시원한 김치와 호박, 양념장을 곁들인 간단하지만 말끔한 맛의 국수는, 많은 사람들에게 즐거움을 주고 관심과 사랑을 받고 있다.

048

무즙과의
조화
메밀국수

::**재료** 메밀면

::**양념재료** 메밀채수, 생김, 무, 배, 깨소금, 고추냉이

::**만들기**

1 생김은 적당한 길이로 얇게 가위로 자른다.
2 무와 배는 즙을 낸다.
  _ 무는 하루 전날 즙을 내어 매운맛을 줄인다.
3 메밀면은 삶은 후 면 냄새가 나지 않도록 비비며 헹궈 낸다.
4 메밀면에 메밀채수와 배즙, 무즙, 김, 깨소금, 고추냉이를 넣는다.

::**메밀채수만들기**

::**재료** 무, 건표고버섯, 마른 홍고추, 다시마, 집간장, 소금, 조림간장

1 필요량의 3배의 물을 붓고 납작하게 썬 무와 건표고버섯, 마른 홍고추, 집간장 약간을 넣고 물이 끓으면 다시마를 넣는다.
2 반쯤 졸인 뒤 다시마를 건져 내고 다시 1/3로 졸인 후 불을 끄고 집간장, 소금, 조림간장을 넣어 간을 맞춘다.

고소하고 진한 맛! 콩국수

더위가 찾아오면 입맛이 없고 기운이 축 처진다. 이럴 때 시원한 콩물에 면이나 우무 등을 곁들이면 기운을 북돋울 수 있다. 콩물이 남았을 때에는 시원하게 한 컵씩 복용하여도 좋고 차가운 것이 맞지 않을 때는 끓여서 마시거나 밥을 넣어 콩국밥을 만들어도 좋다. 콩은 적당히 삶아야 고소한 맛이 나며 너무 오래 삶으면 메주 냄새가 나므로 주의하고, 콩국을 먹을 때는 소화가 더디므로 많은 양을 한꺼번에 마시는 것은 삼가는 것이 좋겠다.

:: **재료** 노란콩, 생면(소면), 오이, 당근 :: **양념재료** 깨소금, 소금

:: **만들기**
1 노란콩은 하루 전날 충분히 불려 물(콩의 3배)을 붓고 삶는다.
2 삶은 콩은 두유기(믹서)에 갈아 체에 걸러 준다.
3 오이, 당근은 다듬어 씻은 후 채친다.
4 끓는 물에 생면(소면)을 삶아 헹궈 건지고 야채와 함께 깨소금, 소금을 곁들인다.

더위에 지쳤을 때
더없이 좋은

우무콩냉국

::**재료** 노란콩, 우무, 오이   ::**양념재료** 죽염(소금), 깨소금

::**만들기**
1 노란콩은 하루 전날 충분히 불려 물(콩의 3배)을 붓고 푹 삶는다.
2 삶은 콩은 두유기(믹서)에 갈아 체에 걸러 놓는다.
3 우무는 굵은 체에 내려 그릇에 담고 오이는 채썬다.
4 콩물에 우무, 오이, 깨소금을 넣고 죽염(소금)으로 간한다.

백련향 머금은
연잎 칼국수

불영지에는 봄이 지나가는 계절에 어리연과 백련잎이 자리를 대신한다. 불영지는, 법영루의 아름다운 모습이 비치기도 하지만 사계절의 뚜렷한 변화를 보여주는 곳이기도 하다. 오늘은 불영지에 무성하게 피어난 연잎으로 즙을 내어 칼국수 반죽을 만들어 본다. 연잎 2~3장이면 충분하다. 연은 어혈을 제거하고 기침·가래 해소에 효과가 있으며 콜레스테롤 수치를 떨어뜨리는 작용을 하는 것으로 알려졌는데, 연잎과 연꽃, 고명이 어우러져 맛과 향이 이채롭고 향긋한 것이 특징이다.

:: **재료** 백련, 백련잎, 밀가루

:: **고명재료** 호박, 석이버섯, 밤, 표고버섯, 오이, 은행, 당근

:: **양념재료** 채수, 집간장, 콩기름, 소금

:: **만들기**

1 연잎은 깨끗이 씻어 잘게 잘라 믹서에 갈아서 즙을 만든다.
2 연잎 즙으로 밀가루를 반죽한 다음 랩에 싸서 하루 숙성시킨다.
3 호박, 석이버섯 등 모든 고명은 깨끗이 손질한 다음 가늘게 채썰고 소금으로 밑간하며 콩기름에 볶는다.
4 반죽을 홍두깨로 밀어 칼국수면을 만든다.
5 채수에 칼국수면을 삶아 집간장으로 간을 맞추고 그릇에 담은 후 고명을 올린다.

대사활동이 좋아지는
팥칼국수

동의보감에 팥은 "평(平)해 차지도 따뜻하지도 않고 맛이 달면서 시고 독이 없는 작물"로 기록되어 있으며, 약성본초에 따르면 팥은 열독을 다스리고 악혈을 없애며 비와 위를 튼튼하게 해 준다고 한다.

비대한 사람이 먹으면 가벼워지고 여윈 사람은 튼튼하게 하는 팥은 입맛이 떨어지거나 소화가 안 될 때는 산을 촉진하여 도움을 주며 이뇨작용이 활발하여 체내에 있는 불필요한 수분을 배출시켜 신장염과 부기를 줄인다. 또한 체내 과잉수분으로 인한 지방 축적을 막고 쌀과 같이 먹으면 대사활동이 활발해지고 변비를 치료한다고 한다.

이처럼 팥은 피로 개선에 좋은 식품으로 비만이나 체한 데 좋으며 몸속의 독을 풀어주고 더러운 것을 청소하는 약성이 있다.

::**재료** 팥, 칼국수면

::**양념재료** 소금

::**만들기**
1 팥이 잠길 정도로 물을 붓고 끓으면 물을 따라 낸다.
2 솥에 다시 팥을 넣고 푹 퍼지도록 삶는다.
3 망소쿠리에 팥을 넣고 껍질을 걸러 낸다.
4 팥물에 물을 붓고 농도를 맞춰 끓이다가 칼국수면을 넣는다.
  _ 소금으로 간을 맞춘다.

향긋하고 구수한
송이칼국수

:: **재료** 밀가루, 콩가루, 자연송이버섯, 호박

:: **양념재료** 채수, 소금, 양념간장

:: **만들기**

1 밀가루와 콩가루를 7 대 1로 반죽하여 한나절 정도 숙성시킨다.
   _ 밀가루 1kg에 콩가루를 물컵 1개 양 정도로 섞는다.
2 자연송이버섯은 손질하여 다듬어 적당한 크기로 썬다.
   _ 다듬은 냉동송이일 경우 끓이기 전에 꺼내 놓는다.
3 호박은 적당한 크기로 썰어 놓는다.
4 숙성된 반죽을 홍두깨로 밀어 칼국수면을 만든다.
5 솥에 채수를 붓고 끓으면 송이를 넣고 한소끔 끓이다가 호박과 면을 넣는다.
6 소금으로 간하고 면이 익으면 불을 끈다.
7 양념간장을 곁들인다.

여름이 시원해지는
냉면

::**재료** 냉면, 냉면물, 양배추, 표고버섯, 당근, 배
::**양념재료** 냉면양념장, 냉면무김치, 겨자, 깨소금, 식초
::**만들기**

1 양배추, 표고버섯, 당근은 채썰어 볶고 배는 채썬다.
2 냉면은 끓는 물에 삶은 후(보통 1분40초 정도) 비비면서 두세 번 헹궈 낸다.
3 기호에 따라 야채를 넣고 냉면물과 양념장을 넣어 물냉면, 비빔냉면을 만든다.

::**냉면무김치만들기**

::**재료** 무, 설탕, 식초, 고춧가루

하루 전날 무를 적당한 크기로 썬 후 설탕, 식초에 담갔다가 다음날 무를 건진다. 남은 국물에 고춧가루를 넣고 우려낸 뒤(고춧가루를 체에 걸러낸 뒤) 무와 국물을 섞어 준다.

::**냉면물만들기**

::**재료** 다시마, 식초, 설탕, 건표고버섯, 무, 마른 홍고추, 배즙, 무즙, 집간장, 조림간장, 소금, 겨자

1 물에 3시간 이상 담가 둔 다시마를 한 번 헹군 후 식초, 설탕을 1 대 1로 넣어 다시마액을 만든다.
2 원하는 냉면물의 3배의 물에 1을 넣고 무, 건표고버섯, 마른 홍고추를 함께 넣어 다시마가 허물어질 때까지 푹 졸인다. (1/3이 되도록 졸인다.)
3 채수에서 건더기를 건져 낸 후 무즙, 배즙을 넣는다.
4 집간장, 조림간장, 소금, 겨자로 간을 맞춘다.
5 불을 끄고 하룻밤 재우면 무가 삭아 깊고 시원한 냉면물이 된다.

∷ **냉면양념장만들기**

∷ **재료** 들기름, 고춧가루, 배즙, 설탕, 조림간장, 소금

1 팬에 들기름을 두르고 따뜻해지면 고춧가루(들기름의 약 2배)를 넣는다.
   _ 들기름이 뜨거워져 산화되지 않도록 주의한다.
2 불을 아주 약하게 낮추고 배즙, 설탕, 조림간장, 소금을 넣으며
   농도를 맞춘 후 불을 끈다.

새콤달콤한 쫄면

::**재료** 쫄면, 양배추, 콩나물, 당근

::**양념재료** 사과즙, 통깨, 참기름, 깨소금, 식초, 고추장, 고춧가루, 꿀

::**만들기**
1. 쫄면은 봉지에서 꺼내어 붙지 않도록 분리한다.
2. 양배추는 가늘게 채썰어 물에 담가 매운맛을 뺀다.
3. 콩나물은 머리를 따고 씻은 후 소금간하여 아삭하게 삶아 놓는다.
4. 당근은 손질하여 얇게 채친다.
5. 쫄면이 퍼지지 않도록 삶은 후 야채와 양념장, 깨소금, 참기름을 넣고 비빈다.

::**양념장만들기**
쫄면은 양념장이 맛있어야 한다. 사과즙에다 갖은 양념재료를 넣어 새콤달콤한 양념장을 만든다. 특히 설탕이나 물엿보다 꿀을 넣어야 감칠맛 나고 부드러운 단맛을 느낄 수 있다.

스님을 웃게 만드는
소면국수

매년 부처님 오신 날이 끝나고 여름 하안거 결제가 시작되면 14개 신행단체가 매주 토요일 점심시간을 전후로 하여 오후 늦게까지 무료국수급식을 한다. 스님들이 좋아하는 국수를 멀리서 불영사를 찾아오는 분들에게 드리는데, 진한 채수에 시원한 김치와 호박, 양념장을 곁들인 간단하지만 깔끔한 맛의 국수는, 많은 사람들에게 즐거움을 주고 관심과 사랑을 받고 있다.

알아두기
국수 둘이 끓을 때 찬물을 붓고(2번 반복) 헹궈 건지면 퍼지지 않고 쫄깃한 국수면을 만들 수 있다.

:: **재료** 소면, 호박, 양배추, 당근

:: **양념재료** 채수, 집간장, 조림간장, 고추장, 사과, 매실효소액, 꿀(물엿), 통깨, 김가루

:: **만들기**
1 채수에 집간장, 조림간장을 넣고 국물을 만든다.
2 호박, 양배추, 당근, 김가루는 고명으로 준비한다.
3 고추장에 사과를 갈아 넣고 매실효소액과 꿀(물엿)을 넣은 뒤 통깨를 넣어 양념장을 만든다.
4 소면을 퍼지지 않게 쫄깃하게 삶은 후 물국수나 비빔국수를 만든다.

절에서 만난 영양피자
토마토소스감자피자

: : **재료** 감자 15개, 가루치즈 3컵 정도
: : **야채재료** 건표고버섯, 파프리카, 양배추, 당근, 양송이버섯, 김치
: : **양념재료** 토마토 10개, 사과 3개, 배 2개, 집간장, 참기름, 고추장, 꿀, 고춧가루, 식초, 소금

: : **재료준비**
1 건표고버섯은 불린 후 채썰어 집간장과 참기름을 넣고 재운 다음 볶아 둔다.
2 파프리카는 다지고, 양배추와 당근은 얇게 채친 후 소금간을 하여 볶는다.
3 양송이버섯은 얇게 썰어 끓는 물에 소금을 넣고 데친 다음 물기를 뺀다.
4 김치는 채썰어 물기를 꼭 짜 둔다.

: : **토마토소스만들기**
1 토마토는 잘 익은 것으로 끓는 물에 살짝 데쳐 껍질을 벗기고 뭉갠다.
2 사과와 배는 얇게 썰어 솥에 끓이다가 고추장 외 양념을 적당히 넣어 가며 맛을 낸다.
3 과일이 충분히 녹을 때까지 저어 주며 낮은 불에서 졸인다.

: : **피자만들기**
감자를 갈아 팬에 얇게 편 후 토마토소스와 야채를 올리고 가루치즈를 뿌린 후 뚜껑을 덮고 약불에서 20분가량 익힌다. 가루치즈가 충분히 익으면 불을 끄고 접시에 담는다.

국·죽류

밤새 눈이 내려 하늘과 땅과 산의 경계가 사라졌다. 사시에 감자옹심이를 진진행 보살님이 공양해 주기로 했는데 연락이 없다. 전화도 안 되고 어떻게 하나 생각하다가 오전 10시까지 기다려 보다 안 되면 메뉴를 바꾸기로 하였다. 10시를 얼마 안 남겨 두고 머리에 크게 무언가를 이고서는 조심스러운 걸음으로 눈길을 밟으며 보살님이 다가오고 계셨다. 전화라도 주셨으면 트럭으로 마중이라도 나갔을 텐데…. 눈 온 뒤 차가운 날씨 속에 세상에서 가장 귀하고 맛있는 몽글몽글한 뜨거운 감자옹심이를 맛볼 수 있었다.

_감자옹심이 이야기

청정 울진을 대표하는
자연송이 호박국

송이는 울진특산물 중의 하나로 매년 10월 초쯤이면 송이축제가 성대하게 열린다. 동의보감에 "성질이 평하고 맛이 달며 독이 없고 솔향기가 난다"고 하는 송이는 9~10월에 30~100년 정도 된 소나무 밑에서 자란다.

송이는 자연의 맛과 향을 살린 송이구이, 송이볶음, 송이밥, 송이간장, 송이차로 활용할 수 있으며 냉동 저장해 두었다가 송이국, 송이칼국수를 끓이기도 한다. 이때 향이 강한 재료는 피하고 양념은 간만 맞추어 송이 특유의 향을 살리는 것이 무엇보다 중요하다.

∷ **재료** 송이버섯, 호박

∷ **양념재료** 채수, 소금

∷ **만들기**

1. 송이버섯은 뿌리 부분을 잘 손질하여 적당한 길이로 썬다.
2. 호박은 송이와 비슷한 길이로 채를 치거나 납작하게 썰어 놓는다.
3. 채수가 끓으면 호박을 넣고 한소끔 끓인 후 송이를 넣고 소금간을 한다.

첩첩산중 천축산의 정기
능이국

어느 해인가 여름 감기가 돌아 가을에 말려 둔 능이로 자주 국을 끓였더니 선원 스님 중의 한 분이 지역에 따라 귀할 수도 있는 능이국을 보고 "이렇게 자주 맛보기는 처음"이라며 "감기 때문에 입맛이 떨어졌는데 기침이 가라앉고 기운이 돈다"고 하였다. 항암작용이 있는 능이를 가을에 넉넉히 구입하여 적당한 크기로 잘라 말려 놓고 국을 끓이거나 차로 음용하면 감기, 몸살 등에 효과를 볼 수 있다.

:: **재료** 능이버섯, 콩나물, 무

:: **양념재료** 채수, 말린 홍고추, 생강, 집간장, 소금

:: **만들기**

1 능이버섯은 미지근한 물에 잠시 불렸다가 모래가 떨어지도록 씻는다.
2 무와 콩나물은 손질한다.
3 채수에 능이버섯을 넣고 말린 홍고추와 무, 생강을 넣고 푹 끓인다.
 _ 능이를 불려 놓았던 물을 사용한다.
4 먹기 5분 전에 콩나물을 넣고 소금과 집간장으로 간을 한다.

울진 고포돌미역으로 끓인
가마솥 미역국

고포미역은 울진 나곡 고포마을에서 생산되는 돌미역으로 지혈작용에 효과가 있는 옥소 성분이 다량 함유되어 있으며 품질이 우수한 울진특산물 중의 하나이다. 얕은 수심에서 햇볕을 받고 자란 고포미역은 검푸르고 두툼한 것이 특징으로 고려시대에는 궁중에서나 맛볼 수 있었다고 한다.

맛있는 미역국은 미역의 염분을 어떻게 빼서 끓이는가이다. 양식보다 두툼하고 두꺼운 것이 특징인 돌미역은 10분 정도 물에 불렸다가 잘 치대어 빨아서 염분을 빼 주고 푹 끓여야 맛있다.

:: **재료** 말린 울진고포돌미역, 표고버섯

:: **양념재료** 채수, 집간장

:: **만들기**
1 마른 미역은 미지근한 물에 10분 정도 불려 놓는다.
2 표고버섯은 불린 후 적당하게 잘라 놓는다.
3 불린 미역은 치대듯이 주무른 후 두세 번 헹궈 이물질을 제거한다.
4 약간의 채수와 집간장을 넣고 버섯과 미역을 볶다가 채수를 넉넉히 붓고 푹 끓인다.

들기름에 볶은
순두부 김치찌개

:: **재료** 순두부, 호박, 팽이버섯, 표고버섯, 김치, 청·홍 고추

:: **양념재료** 채수, 들기름, 고추장, 고춧가루, 집간장, 소금

:: **만들기**

1 약한 불에 들기름을 두르고 순두부를 충분히 볶은 다음 고추장과 고춧가루를 넣고 채수를 붓는다.
2 썰어 놓은 김치, 표고버섯, 팽이버섯, 호박을 넣는다.
3 끓으면 청·홍 고추를 넣고 집간장, 소금으로 간을 맞춘다.

:: **순두부만들기**

:: **재료** 노란콩, 정제된 간수

1 노란콩은 불린 후 두유기(믹서)에 갈아 가는 체에 받쳐 껍질을 걸러 낸다.
2 솥에 콩물을 붓고 끓으면 간수를 넣어 몽글해지면 불을 끈다.
　_ 콩 한 되에 한 대접 정도의 간수를 넣는다.
　_ 간수를 넣은 후에는 저어 주지 않는다.

콩을 순두부로 만들어 먹을 경우 우리 인체가 95% 가까이 콩의 영양을 흡수한다고 한다.

사찰에서의 별미
야채짜장

짜장에는 양배추와 감자를 다른 야채보다 2~3배 많이 준비하고 크기는 카레를 만들 때보다 작게 썰어 짜장과 잘 어울리도록 한다. 콩기름에 볶은 춘장은 느끼하지 않고 넉넉하게 넣은 양배추와 감자에 갈아 놓은 감자가 더해져 담백한 맛을 낸다.

:: **재료** 춘장, 감자, 호박, 당근, 표고버섯, 양송이버섯, 양배추, 팽이버섯

:: **양념재료** 전분, 소금, 갈아 놓은 감자, 콩기름, 채수

:: **만들기**
1 팬에 콩기름을 아주 넉넉히 붓고 달군 다음 춘장을 넣어 기름이 녹색이 되도록 오래 볶는다.
   _ 녹색 기름은 걸러서 야채 볶을 때 사용한다.
2 호박 외 모든 야채는 조금 잘게 썰어 소금으로 밑간하며 볶아 둔다.
3 춘장에 야채를 넣고 볶다가 채수와 갈아 놓은 감자, 전분을 넣어 농도를 맞춘다.

세계보건기구가 인정한
치매 예방
야채카레

카레에 들어가는 노란색을 내는 주성분을 '울금'이라 한다. 영국에서는 잘 먹고 잘사는 법 20가지에 '카레를 충분히 섭취할 것'을 포함하고서 권장한다고 한다. 카레를 매일 먹는 인도인(65세 이상)의 치매 발생률은 1%에 그쳐 세계에서 가장 낮은 것으로 조사되었다.

:: **재료** 카레가루, 당근, 호박, 양배추, 감자, 표고버섯, 고구마, 완두콩, 적파프리카

:: **양념재료** 청양고추, 강황, 소금, 콩기름, 채수

:: **만들기**
1 카레가루는 채수에 개어 둔다.
2 갖은 야채는 깍두기 모양으로 큼직하게 썰어 소금으로 밑간하여 콩기름으로 볶아 둔다.
3 청양고추 2~3개를 넣어 매콤한 채수를 만든 후 고추는 건져 내고 야채를 넣는다.
4 마지막에 호박을 넣고 카레와 강황으로 농도를 맞춘다.

알칼리성 저칼로리식품
감자 옹심이

감자는 산성식품의 영양균형을 유지시켜 주는 알칼리성 식품으로, 예로부터 위궤양, 십이지장의 통증과 출혈을 멎게 하는 데 이용되어 왔다고 한다. 감자는 열을 가해도 전분이 보호막을 만들기 때문에 비타민C가 손실되지 않는다.

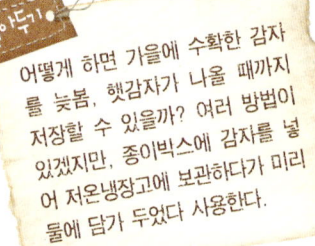

어떻게 하면 가을에 수확한 감자를 늦봄, 햇감자가 나올 때까지 저장할 수 있을까? 여러 방법이 있겠지만, 종이박스에 감자를 넣어 저온냉장고에 보관하다가 미리 물에 담가 두었다 사용한다.

:: **재료** 감자, 호박, 당근, 물표고버섯

:: **양념재료** 채수, 집간장, 소금

:: **만들기**

1 감자는 갈아서 체에 받치고 앙금을 가라앉힌다.
2 윗물을 따라 내고 가라앉은 앙금과 감자를 섞어 옹심이를 만든다.
  _ 이때 소금간을 한다.
3 야채는 깨끗이 씻어 적당한 크기로 썰어 둔다.
4 채수가 끓으면 야채와 옹심이를 넣고 푹 끓여 옹심이 속까지 익힌다.
5 집간장과 소금으로 간한다.

된장 한 스푼이 추가된
매생이국

어느 장날, 읍내 야채가게를 들렀다 이곳에서는 보기 드문(주생산지: 전남) 매생이가 제법 많이 판매대 위에 올려져 있는 것을 보고 놀랐다. 쌀쌀한 바람이 불자 언젠가 먹어 본 매생이국이 생각나던 참이었는데, 이렇게 눈으로 보니 여간 반가운 것이 아니다. 냉동된 것에 비할까. 산지의 신선한 재료를 만날 수 있었음에 감사하며…

::**재료** 매생이
::**양념재료** 채수, 생표고버섯, 집간장, 된장, 참기름

::**만들기**
1 매생이를 깨끗이 씻는다.
2 생표고버섯은 채치거나 다진 후 참기름에 살짝 볶아 집간장으로 간해 둔다.
3 솥에 채수를 붓고 끓으면 표고버섯과 된장 한 스푼을 넣고 집간장으로 간을 맞춘다.
4 준비된 매생이를 넣고 매생이 색이 약간 변하면서 끓기 시작하면 불을 끈다.

쌀뜨물을 이용한 박국

몸의 열을 내리고 콜레스테롤을 분해하는 박에는 다른 야채에 비해 섬유질이 풍부하게 들어 있으며 칼슘, 당질 등 여러 영양소도 풍부하게 함유되어 있다. 부드럽고 연해 노약자나 성장기 어린이들에게도 좋은 영양 야채로 손꼽히는데, 여릴 때는 전, 나물, 볶음, 국 등에 활용하고 익으면 떡, 범벅, 죽을 만드는 데 이용한다.

:: **재료** 어린 박   :: **양념재료** 들기름, 쌀뜨물(불린 쌀), 소금

:: **만들기**
1. 박은 껍질을 벗기고 속을 파낸 뒤 적당한 크기로 썬다.
2. 쌀을 씻을 때 뜨물을 받아 두거나 불린 쌀을 믹서에 간다.
3. 팬을 달군 후 들기름을 두르고 박을 달달 볶다가 쌀뜨물을 붓는다.
   _ 달달 볶아 주면 기름이 뜨지 않는다. 기름이 안 맞을 때는 쌀뜨물로만 끓인다.
4. 쌀뜨물이 끓으면 거품은 걸어 내고 소금으로 간한다.

무와 콩나물이 어울리는
모자반국

모자반은 제주도 연안에 자생하는 해조류로, 성인병의 원인으로 지목되는 만성염증을 억제하는 데 탁월한 효과가 있다고 한다. 모자반은 무와 콩나물 등이 잘 어울린다. 무를 활용하여 부드럽고 소화가 잘되는 모자반무나물, 모자반무국을 만들 수 있다.

: : **재료** 모자반, 무, 쌀뜨물(쌀 두 스푼)   : : **양념재료** 깨소금, 집간장, 소금

: : **만들기**

1 다듬은 모자반은 집간장, 깨소금에 무치고 무는 채친다.
2 솥을 달군 후 무를 넣고 약간의 쌀뜨물을 넣어 볶듯이 끓인다.
　_ 쌀뜨물이 없을 때, 쌀 두 스푼을 갈아 넣으면 국물이 시원하고 고소하다.
3 나머지 쌀뜨물을 붓고 모자반을 넣어 한소끔 끓인 후 소금으로 간한다.
4 모자반의 색이 선명해지면 불을 끈다.

속까지 시원한
표고버섯탕국

:: **재료** 생표고버섯, 무

:: **양념재료** 집간장, 말린 홍고추, 편생강

:: **만들기**

1 무는 삐져서 집간장에 재운다.
2 생표고버섯은 기둥을 떼고 흐르는 물에 씻어 통으로 사용하거나 적당한 크기로 썬다.
3 말린 홍고추와 편생강, 집간장, 무를 넣고 채수를 끓인다.
4 끓인 채수에 버섯을 넣고 푹 끓인다.

피로 개선에 좋은
녹두전찌개

녹두는 몸에 쌓인 노폐물을 해독하며 열을 내리는 역할을 하므로 입맛을 잃거나 영양이 결핍된 환자에게 좋다. 또 피로하거나 입술이 마르고 헐었을 때 먹으면 효과적이며 여름철 갈증을 해소하는 데 도움이 된다고 한다. 식료본초에는 녹두는 "원기를 보하는 데 좋고 오장(五臟)을 조화롭게 하며 정신을 안정시키고 풍을 다스리며 피부를 아름답게 한다"고 기록되어 있다.

:: **재료** 녹두전, 김치, 표고버섯   :: **양념재료** 채수, 김치국물, 집간장, 소금

:: 만들기
1 녹두전은 적당한 크기로 자르고 김치와 표고버섯은 채친다.
2 채수에 김치와 김치국물, 표고버섯을 넣고 함께 끓인다.
3 김치 맛이 우러나면 녹두전을 넣고 충분히 퍼지도록 푹 익힌다.
 _ 처음부터 녹두전을 넣어도 무방하다.
4 집간장, 소금으로 간한다.

겨울국의 별미
우거지 감자 들깨탕국

지나가다 들른 스님께서 공양을 못 하셨다기에 남은 우거지감자들깨국을 뚝배기에 담아 간단하게 상을 보아 드렸다. 공양을 끝낸 스님은 양이 많아 덜어서 먹을까 하다가 다 먹었다면서 독특한 향이 나는 방아잎에 관심을 보였다. 들깨가루의 담백함과 방아의 향이 머무는 우거지감자들깨탕국은 여름보다는 선선한 기운이 느껴지는 계절에 더 잘 어울린다. 추운 북쪽 지방에서 따뜻한 성분인 들기름이나 들깨를 이용한 음식을 많이 먹는 이유도 여기에 있겠다.

:: **재료** 시래기, 방아잎(깻잎), 감자

:: **양념재료** 된장, 고춧가루, 들깨가루, 채수, 청·홍 고추, 집간장, 소금

:: **만들기**

1 시래기는 적당한 길이로 자른 다음 된장과 고춧가루를 넣고 재워 둔다.
   _ 이때 청·홍 고추를 갈아서 함께 재워 두면 시원한 맛을 더한다.
2 방아잎(깻잎)은 씻어 물기를 빼 둔다.
3 감자는 집간장, 고춧가루로 밑간해 두고 들깨가루는 풀어 놓는다.
4 재워 둔 시래기를 볶다가 채수와 감자를 넣고 푹 끓인다.
5 풀어 둔 들깨가루와 방아잎(깻잎)을 넣고 집간장과 소금으로 간한다.

모든 죽의 기본
흰죽

불영사에는 공양주 소임만 5년을 사는 스님이 있다. 산철과 본철을 놓치지 않고 선원에서 정진하며 한결같은 모습으로 소임을 보고 있어 밥에 대해 죽에 대해 물어 보다가 모든 죽의 기본이 흰죽이 된다는 것을 새삼 느낀다. 죽으로 아침공양을 하는 불영사는 흰죽을 기본으로 하고 5~7일마다 잣죽, 콩죽 외 여러 가지 죽을 끓인다. 반찬으로는 두부간장과 산초간장이나 콩조림류, 삶은 감자나 고구마와 토마토 등 야채를 곁들여 수행에 도움이 되는 가벼우면서도 영양을 소홀히 하지 않는 공양 준비를 한다.

:: **재료** 멥쌀, 물

:: **만들기**

1 쌀은 비로 씻어 건지고 쌀과 물을 1 대 4로 하여 압력밥솥에 안친다.
2 추가 돌아가기 시작하면 약한 불로 낮추어 8분 정도 뜸을 들인 후 불을 끈다.
3 불을 끄고 12~15분 정도 충분히 뜸을 들인 후 뚜껑을 연다.
4 쌀알이 깨지지 않고 통통하여 깔끔하고 부드러운 죽이 완성된다.

새해를 맞이하며 먹는 팥죽

예부터 낮밤의 길이가 바뀌는 동지를 '작은 설'이라 불렀는데 동지에는 한 해를 보내고 새해를 맞이하는 의미로 팥죽을 쑤어 먹었다. 팥죽과 함께하는 동짓날, 공양간에서 가마솥으로 쉼 없이 팥죽을 끓이며 새해에는 보다 건강하고 행복한 삶을 갖기를 기원해 본다.
사진은 쌀을 갈아 만든 팥죽이다.

:: **재료** 팥, 찹쌀가루, 멥쌀, 소금, 설탕

:: **만들기**
1 찹쌀가루는 익반죽하여 옹심이를 만들어 둔다.
2 팥은 푹 삶은 후 껍질을 걸러 낸다.
3 팥물에 물을 넣고 끓이다가 씻은 쌀을 넣고 끓인다.
4 쌀이 퍼지면 옹심이를 넣고 옹심이가 팥 위로 뜨면 불을 끈다.
5 기호에 따라 소금, 설탕을 넣고 시원한 국물을 곁들인다.

의지를 강하게 하는
수삼 영양죽

산속에서 자라는 인삼을 산삼이라 하는데, 인삼을 밭에서 수확한 상태를 '수삼'이라고 한다. '35리를 달려도 숨이 차지 않는다'는 속담이 있듯이 본초강목에는 "수삼을 먹으면 신진대사가 원활해지고 면역기능이 강화되어 무병장수한다"고 적혀 있다.

∷ **재료** 찹쌀, 멥쌀, 수삼, 대추, 밤, 은행, 소금

∷ **만들기**
1 수삼은 칫솔로 깨끗이 씻은 후 아주 얇게 썰거나 채친다.
　_ 가는 뿌리는 믹서에 간다.
2 씨를 뺀 대추와 밤은 적당한 크기로 자른다.
3 믹서에 갈아 둔 잔가지를 넣고 미리 죽물을 끓인다.
4 죽물에 쌀과 재료들을 넣고 죽을 끓인다.
5 소금으로 간한다.

M-100성분을 가진
흑임자죽

흑임자는 검은깨를 말하는데 치매 예방·치료에 탁월한 효능이 있으며 M-100이라는 위장암억제작용을 하는 성분이 발견되었다고 한다. 죽을 끓일 때는 볶지 않은 것을 사용하는데, 우려낸 진한 물로 죽을 끓이고, 끝으로 연하게 우려낸 물은 시원하게 보관하였다가 고소한 숭늉으로 끓여 마신다. 죽은 다른 양념을 사용하지 않고 소금으로만 간을 해야 깔끔하고 담백하다. 입안이 껄껄하거나 입맛이 없을 때, 끼니를 거르기보다는 약간의 죽이나 숭늉을 먹어 주는 것도 좋겠다.

:: **재료** 흑임자(검은깨), 멥쌀, 소금

:: **만들기**
1 흑임자(검은깨)는 깨끗이 씻은 후 물을 조금씩 부어 가며 믹서에 간다.
2 갈아 놓은 흑임자물을 자루에 넣고 즙을 진하게 낸다.
3 평소보다 되직하게 쑨 죽에 흑임자물을 붓고 밑이 타지 않도록 서서히 저어 준다.
4 소금으로 간을 맞춘다.

천연강장제 잣죽

잣의 철분 성분은 빈혈에 좋으며 풍부한 마그네슘은 심장혈관계통에 중요한 역할을 하는 것으로 인정받고 있다. 특히 우리나라 잣은 품질이 우수한데 잔주름 예방과 노화피부 재생에 효과가 뛰어나며 "잣을 백 일을 먹으면 몸이 가벼워지고 삼백 일이 지나면 하루에 오백 리를 걸을 수 있다"고 하듯이 뇌세포와 신경조직 발달에도 도움을 준다고 한다. 맛은 고소하지만 칼로리가 높으므로 과다섭취는 피하고 죽으로 먹을 때는 국물까지 마시도록 하며 산뜻하고 깔끔한 산초간장을 곁들이면 식욕과 소화를 돕는다.

∷ **재료** 잣, 멥쌀, 소금

∷ **만들기**
1 잣은 곱게 갈아 둔다.
2 물을 평소보다 적게 붓고 쌀을 넣어 죽을 끓인다.
3 죽을 푸기 5분 전에 갈아 놓은 잣을 넣고 소금간한 후 불을 끈다.
  _ 잣은 삭는 성질이 있으므로 많이 저어 주지 않는다.

껍질째 갈아 만드는 녹두죽

독감에 걸려 입맛이 떨어지고 열이 심할 때 녹두죽을 쑤어 먹으면 허약한 몸을 보하고 입맛을 돌린다고 한다. 이는 몸에 쌓인 노폐물을 직접 해독하며 열을 내리고 식욕을 돋우는 성질이 있기 때문이다. 입술이 마르고 입속이 헐었을 때 먹으면 효과적인데 약을 먹을 때는 치료 작용이 약할 수 있기 때문에 삼가는 것이 좋다고 한다.

::**재료** 녹두, 멥쌀, 소금

::**만들기**

1 녹두는 불려 씻은 후 믹서에 갈아 자루에 거른다.
  _ 진한 녹두물은 남겨두고 연한 녹두물은 죽 물로 이용한다.
  _ 거피하지 않고 껍질째 갈아 걸러야 고소한 맛이 더하다.
2 연한 녹두물과 물을 합하여 평소보다 되직하게 죽을 끓인다.
3 그릇에 담기 5분 전에 진한 녹두물을 붓고 소금으로 간한 후 살살 저어 준다.
  _ 바닥이 잘 타므로 주의해서 저어 주도록 한다.

몸을 따뜻하게 하는 단호박 들깨죽

맛은 맵고 성질은 따뜻하며 독이 없는 들깨는, 기를 내리고 속을 따뜻하고 편안하게 하며 몸을 보하는 특징이 있다. 담백한 단맛을 지닌 단호박 또한 오장을 편하게 하며 눈을 밝게 하고 부기를 내리는 효능이 있는 것으로 알려져 있다. 들깨가루와 호박으로 만든 죽은 속이 든든하고 부드럽고 고소한 맛이 특징이다.

::**재료** 들깨, 단호박, 찹쌀가루, 소금, 꿀

::**만들기**
1 볶은 들깨를 분쇄기에 갈아 체에 받쳐 껍질을 분리한다.
2 단호박은 껍질과 씨를 제거하고 찜솥에 찐다.
3 찹쌀가루로 풀을 쑨 후 찐 단호박을 넣고 거품기로 저어 준다.
4 호박이 풀리면 들깨가루를 넣는다.
5 기호에 따라 소금과 꿀을 넣어 간을 맞춘다.

운무로 뒤덮이는 아침의 산사

불영사의 여름

아름다운 불영지의 맑은 연잎 흔들리다

밭에는 주렁주렁 풋고추가 많이도 열렸다. 고추는 밑에서부터 하나둘씩 붉게 익어 가고 껍질은 두꺼워져 색이 점점 짙은 녹색으로 변해 간다. 얼마 전에 감자를 캐 낸 밭은 골을 내어 가을 배추밭을 준비하고 습하고 그늘진 밭에는 토란이 한창이다. 해우소 가는 길 가로수로 만들어진 옥수수는 알이 여물어 가고, 잦은 장맛비는 깊고 넓은 계곡을 힘차고 시원한 절경으로 만드는가 하면 운무로 뒤덮이는 아침의 산사는 신비로운 정적을 맞는다.

부처님 그림자 드리운 불영지, 커다란 잉어의 물놀이에 향기롭고 맑은 연잎이 흔들린다.

또 다른 세상,
천축선원

불영사는 일 년 내내 결제 중이라고 해도 과언이 아닙니다.
여름, 겨울 안거 외에도 산중결제를 두 차례 더 하니까
일 년 중 열 달은 쉼 없이 정진하는 셈이지요.
이곳 선원은 수행자를 위해 언제나 열려 있습니다.
- 주지 일운

    바람도 소리를 죽이고 산새도 조용하여 천혜의 선원이라 해도 과언이 아닌 불영사 천축선원은 전국에서 손꼽히는 비구니 선원으로 알려졌다. 천축선원에서는 하안거 동안거 외에도 산중결제를 두 차례 더 하는데 봄안거와 가을안거이다. 하안거(夏安居)와 동안거(冬安居) 때에는 결제 하루 전날 대중 스님들이 모여 안거 기간에 맡아야 할 소임을 정하고 소임과 역할을 적어 대중에게 알리는 용상방(龍象榜)을 선방에 붙이는데, 이때부터 석 달간의 용맹정진이 시작된다. 그야말로 팽팽한 정진이 시작되는 것이다.
    천축선원의 선방 계율은 엄격하기로 유명한데, 엄격한 수행 가풍에도 불구하고 수행자들의 발길은 끊임없이 이어지고 있으니 선원으로서의 역할에 모자람이 없다 하겠다. 안거 기간에 하루 14시간씩 수행에 드는 것은 물론이고 철저한 시간 지키기와 엄격한 묵언(默言) 수행, 산문 밖 외출 금지, 모두가 동참하는 운력 등. 이 모든 계율은 다른 어느 선방보다 엄격하지만, 이로 인해 수행자들은 더욱 열심으로 수행할 수 있으니 이를 어찌 엄하다고만 하겠는가.
    자신의 근기에 맞는 화두를 붙들고 뜨겁게 참구하는 수행자들. 첩첩 산으로 둘러싸인 곳에 차분히 자리하고 있는 불영사 천축선원에서는 수행자들의 소리 없는 정진이 오늘도 이어지고 있다.

또 다른 세상,
　'나'를 내려놓는 시간.

겉절이·샐러드류

겉절이나 샐러드는 신선하고 상큼한 맛이 중요하다. 그러므로 야채와 과일 등은 제철에 나는 것을 이용하고 재료 그대로의 특징을 살려 가급적이면 양념을 간단하게 하고 단순하게 조리하는 것이 좋겠다. 양상추, 감자, 고구마, 셀러리, 오이 등의 재료를 이용해 다양한 샐러드를 만들 수 있다.

매실간장소스에
버무린

마샐러드

:: **재료** 마, 미나리

:: **양념재료** 매실간장소스, 다진 견과류(아몬드, 잣, 호두, 대추)

:: **만들기**

1 마는 깨끗이 씻어 도톰하게 썰고 미나리는 적당한 길이로 다듬는다.
 _ 마의 미끄덩한 느낌을 제거하려면 소금물에 담그거나 살짝 찐다.
2 마와 미나리를 섞어 소스에 버무린 후 다진 견과류를 흩는다.

:: **매실간장소스만들기**

:: **재료** 집간장, 매실효소액, 레몬즙(식초), 참기름

1 집간장, 매실효소액을 1 대 1로 섞는다.
2 레몬즙(식초)을 약간 넣고 참기름을 한두 방울 떨어뜨린다.

송이깨소스를 곁들인
양상추샐러드

: : **재료** 양상추, 파프리카, 적채, 방울토마토, 송이버섯

: : **양념재료** 깨소스, 다진 송이버섯

: : **만들기**
1 야채와 과일은 다듬어 놓는다.
2 송이버섯은 적당한 크기로 다듬고 일부는 다진다.
3 준비한 야채와 소스를 골고루 섞어 준다.

: : **깨소스만들기**

: : **재료** 볶은 통깨, 배즙(꿀), 두유, 소금

1 볶은 통깨와 배즙(꿀), 두유를 넣고 믹서한 뒤 소금으로 간한다.
2 1에 다진 송이를 섞는다.

사과소스에 버무린
야채샐러드

:: **재료** 치커리, 적치커리, 겨자잎, 밤, 당근
:: **양념재료** 사과소스, 다진 견과류(아몬드, 호두, 잣, 대추 등)
:: **만들기**
야채와 다진 견과류를 소스에 버무린다.

:: **사과소스만들기**
:: **재료** 사과, 레몬즙, 소금, 꿀(설탕), 다진 잣, 참기름

1 사과를 강판에 갈아 체에 내리거나 자루를 이용하여 즙을 낸다.
2 1에 레몬즙, 소금, 꿀(설탕)을 넣어 새콤달콤하게 간을 맞춘다.
3 2에 참기름을 약간 두르고 다진 잣을 넣는다.

> 사과소스는 쓴맛을 내는 야채 등에 어울린다. 치커리나 케일, 쑥갓, 당귀잎 등에 함께 곁들이면 부드럽게 야채를 즐길 수 있다. 톡 쏘며 강한 신맛을 내는 식초 대신 향긋하고 상큼한 레몬을 이용하면 보다 부드러운 소스가 된다.

아일랜드소스와
양배추 샐러드

:: **재료**   양배추, 오이, 파프리카

:: **양념재료**   아일랜드소스

:: **만들기**
1 양배추는 최대한 얇게 채썬다.
2 오이, 파프리카도 얇게 채썬다.
3 그릇에 채썬 야채를 담고 소스를 곁들이거나 버무린다.

:: **아일랜드소스만들기**

:: **재료**   채식두부마요네즈, 다진 오이피클, 후추, 레몬즙(꿀), 매실효소액, 케첩

1 채식두부마요네즈에 다진 오이피클을 넣고 후추, 레몬즙(꿀)과 매실효소액 약간을 넣고 섞어 준다.
2 만들어진 소스에 원하는 색에 맞춰 케첩을 넣는다.

키위소스와 양배추 샐러드

:: **재료** 양배추, 파프리카, 호두(잣, 땅콩)

:: **양념재료** 키위소스

:: 만들기

1 양배추와 파프리카는 적당한 크기로 손질하고 호두(잣, 땅콩)는 다진다.
2 야채를 그릇에 담고 소스를 곁들이거나 끼얹는다.

:: 키위소스만들기

:: **재료** 키위, 올리브유, 레몬즙, 꿀

1 키위는 깎아 믹서에 간다.
2 1에 올리브유, 레몬즙, 꿀을 넣어 다시 갈아 준다.
3 양을 조절하며 신맛과 단맛을 기호에 따라 맞춘다.

레몬소스와
오이 샐러드

:: **재료** 오이

:: **양념재료** 레몬소스

:: **만들기**
1 오이는 씻은 후 껍질째 어슷하게 썬다.
2 소스에 버무린다.

:: **레몬소스만들기**

:: **재료** 물, 레몬, 꿀(설탕), 소금, 후추, 땅콩가루나 호두가루

물에 레몬 등 재료들을 넣고 기호에 따라 양을 조절하며 섞는다.
_ 오이, 양상추, 양배추 등 신신한 야체 소스로 사용한다.

복숭아간장소스와
토마토야채 샐러드

:: **재료** 토마토, 파프리카, 양상추

:: **양념재료** 복숭아간장소스

:: **만들기**
1 야채는 씻은 후 적당한 크기로 다듬거나 썬다.
2 양상추를 접시에 올린 후 토마토와 파프리카를 놓고 소스를 끼얹는다.

:: **복숭아간장소스만들기**

:: **재료** 복숭아효소액, 집간장, 레몬즙, 참기름, 다진 견과류(호두, 아몬드, 대추 등)

복숭아효소액에 재료를 넣고 다진 견과류를 섞는다.
_ 깔끔한 맛이 특징이므로 향이 강하지 않은 과일이나 평범한 야채에 사용한다.

매실간장소스를 이용한
수박깻잎 샐러드

수박에 죽염을 곁들이면 탈이 나는 것을 예방할 수 있다. 수박 외 야채나 과일의 찬 성질에 죽염과 견과류 등을 곁들이므로 냉한 사람도 섭취하기 좋은 음식이 된다.

:: **재료** 수박, 깻잎, 견과류(호두, 잣, 대추, 호박씨 등)

:: **양념재료** 간장매실효소액, 감식초, 참기름, 죽염

:: **만들기**

1 깻잎은 씻어 물기를 뺀 후 듬성듬성 채썰고 약간은 다진다.
2 간장매실효소액에 죽염으로 간하고 감식초, 참기름을 약간 넣어 소스를 만든다.
3 호두, 대추 등 견과류를 다진 후 소스에 섞는다.
4 접시에 깻잎을 깔고 수박을 올린 후 소스와 다진 깻잎을 뿌려 준다.

노란속배추와 어우러진
고구마샐러드

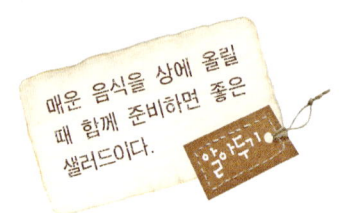

매운 음식을 상에 올릴 때 함께 준비하면 좋은 샐러드이다.

:: **재료** 노란속배추, 고구마, 사과, 밤

:: **양념재료** 아일랜드소스, 호두, 대추, 소금

:: **만들기**

1 노란속배추는 소금물에 담가 10분 정도 절인 후 씻는다.
　_ 물기가 빠지면 적당한 크기로 다듬는다.
2 고구마, 사과는 껍질째 적당한 크기로 썬다.
3 밤은 납작하게 썰고 호두와 대추는 같이 다진다.
4 준비된 재료와 다진 견과류를 섞는다.
5 아일랜드소스(p95 참고)를 버무리거나 곁들인다.

콩들의 합창
모듬콩샐러드

노란콩은 적당히 삶으면 고소하지만 오래 삶으면 메주 냄새가 나므로 주의한다. 계절에 상관없이 콩과 야채를 곁들여 영양을 보충하고 깨소스 외에도 흑임자소스 등을 이용하거나 김 등을 곁들여 먹으면 더욱 고소하다. 콩을 넣은 잡곡밥, 두부, 된장, 청국장 등 각종 요리뿐만 아니라 콩나물은 빠질 수 없는 기본이자 흔한 식재료인 만큼 콩 요리법은 다양하다. 저칼로리 및 저지방 식품인 콩은 비타민, 칼슘이 풍부한 영양식품으로, 콩을 통한 단백질 섭취는 노화를 막아 주고 머리를 좋게 하며 암, 뇌출혈 등에 탁월한 효과가 있다고 한다.

:: **재료** 노란콩, 대두(양대), 마카로니, 브로콜리, 토마토   :: **양념재료** 깨소스, 소금

:: **만들기**
1. 노란콩과 대두(양대)는 씻어 불린 뒤 삶고 햇콩일 경우는 쪄서 사용하면 보다 고소하다.
   _ 콩은 양대, 밤콩 등 어느 것이나 어울리고 땅콩도 무난하다.
2. 마카로니는 말랑하게 삶아지도록 충분히 끓인 다음 헹궈 둔다.
3. 브로콜리는 다듬어 끓는 물에 소금을 넣고 데친다.
4. 토마토는 껍질째 적당한 크기로 잘라 콩과 같이 접시에 담는다.
5. 깨소스(p93 참고)를 뿌려 준다.

천연색소로 물들인

삼색연근지

연근의 효능을 그대로 살린 상태에서 식초, 설탕, 소금을 가미하여 깔끔한 맛을 낸다. 아삭하고 상큼한 연근에 치자와 적채(비트)를 이용하여 시각적인 맛을 더하였다.

:: **재료** 연근

:: **양념재료** 치자, 적채(비트), 생수, 식초, 설탕, 소금

:: **만들기**
1 연근은 너무 굵지 않은 것으로 골라 아주 얇게 썬다.
2 치자는 반으로 갈라 생수에 담가 두고 적채(비트)는 듬성듬성 썰어 생수에 담가 놓는다.
3 생수, 식초, 설탕을 1 대 1 대 1의 비율로 섞은 뒤 연근을 담근다.
4 치자 물에 식초, 설탕을 넣고 연근을 담근다.
5 적채(비트) 물에 식초, 설탕을 넣고 연근을 담근다.
6 소금으로 간을 맞춘다.

달지 않고 시원해야 제맛!
자연송이배추겉절이

절에서는 오신채를 사용하거나 오신채가 들어간 양념을 쓰지 않는다. 김치를 담글 때도 마찬가지이다. 시원하고 담백한 김치에는 찹쌀풀이나 보리쌀풀을 이용하고 단맛에는 배즙 외 천연과즙을, 시원한 맛에는 무즙과 고추, 생강 등을 이용한다. 겉절이에는 미나리, 무, 파프리카 등 신선한 제철 야채를 이용하므로 특히 설탕을 넣지 않아야 식재료 자체의 신선하고 담백한 맛을 느낄 수 있다. 예부터 '백 가지 채소가 배추만 못하다'란 말이 있을 정도로 배추를 중히 여겨 왔는데 '채소 중에서 가장 맛있는 것은 늦여름의 늦갈이배추'라 했다. 숙채, 생채, 쌈, 찌개, 전 등에 두루 이용되는데 그 중에서도 가장 대표적인 것이 김치이다.

:: **재료** 배추, 송이버섯, 파프리카, 당근, 미나리, 배

:: **양념재료** 김치양념(p18 참고), 참기름, 깨소금, 소금

:: **만들기**
  1 배추는 소금에 30분에서 1시간 정도 아삭하게 절인 후 씻는다.
  2 야채는 다듬어 채를 치고 송이버섯은 적당한 크기로 찢는다.
  3 김치양념에 배추와 야채를 섞은 후 깨소금, 참기름을 넣는다.

아삭하고 새콤한
미나리 무생채

미나리는 해독작용과 몸의 열을 내리는 데 효과가 있으며 무는 소화를 돕는다. 무생채를 만들 때는 달고 단단한 가을무가 좋은데 채를 친 후 고춧가루의 붉은색이 속까지 배도록 미리 섞어 둔다. 미나리는 색이 선명하면서 신선한 것으로 골라 은은한 향이 느껴지도록 넉넉히 넣는다.

∷ **재료** 무, 미나리

∷ **양념재료** 식초, 고춧가루, 참기름, 깨소금, 소금

∷ **만들기**
1 무는 식초물에 담근 후 고춧가루에 먼저 버무려 둔다.
2 다듬은 미나리와 무를 섞어 깨소금, 소금, 참기름으로 양념한다.

자꾸 먹으면
반한다
고수(새싹) 겉절이

전생에 절집과 인연이 있어야 고수를 먹는다는 말이 있을 정도로 고수는 스님들이 반기는 야채 가운데 하나이다. 법회 날, 비빔밥에 고수를 무치거나 양념장으로 곁들이면 좋아하는 분과 그렇지 못한 분을 만난다. 그만큼 향이 독특하다는 것이다. 고수는 성질이 매우나 따뜻하여 빈혈과 오장을 이롭게 하며 생채로 먹거나 김치, 양념장, 부침개로 활용되고 데쳐서 나물로도 이용한다.

∷ **재료** 고수(새싹)

∷ **양념재료** 조림간장, 고춧가루, 참기름, 깨소금

∷ **만들기**

1 고수(새싹)는 떡잎 부분을 잘 다듬은 후 씻어 둔다.
   _ 뿌리 부분을 떼어 내지 않는다.
   _ 너무 큰 것은 적당한 길이로 자른다.
2 조림간장에 고춧가루, 깨소금, 참기름 약간을 넣은 후 고수(새싹)를 넣고 버무린다.

피부미용에 좋은
더덕오이무침

산더덕은 수세미로 외부를 깨끗이 씻은 후 끓는 물에 4~5초 동안 담갔다가 건져내 과도를 이용해 껍질을 벗기거나, 씻은 후 10분 정도 냉동해 두면 끈적끈적한 사포닌 성분이 안으로 스며들어 보다 쉽게 껍질을 제거할 수 있다. 껍질을 제거한 후에는 씻지 말고 칼등이나 방망이로 납작하게 두드려서 구이를 하거나 장아찌, 튀김, 김치, 물김치, 샐러드 등으로 조리할 수 있다.

:: **재료** 더덕, 오이

:: **양념재료** 고추장, 배즙, 참기름, 소금, 깨소금

:: **만들기**
1 더덕은 두드려서 찢어지듯이 부드럽게 만든다.
2 다듬은 더덕에 배즙 1/2, 참기름, 깨소금을 넣고 고루 섞는다.
3 오이는 반으로 갈라 어슷썰어 소금에 절인 다음 팬에 볶는다.
4 고추장에 남은 배즙을 넣고 더덕과 버무린 후 접시에 담는다.

섬유질이 풍부한
물미역 무침

지나치지도 않게, 모자라지도 않게.
시대에 따라 계절에 따라, 그리고 하루 시간에 따라서도 우리 몸은 다양한 변화를 일으킨다. 참으로 섬세하고 세밀하다. 미역도 그러하다. 초겨울 미역이 다르고 늦봄의 미역이 다르다. 미역에 들어 있는 요오드 성분은 우리 몸의 갑상선호르몬 조절에 영향을 미치는 대표적인 성분 중의 하나이다. 늦가을부터 초여름을 끝으로 나오는 돌미역, 효과적인 조리법은 무엇일까? 염분을 잘 제거하고 간단한 양념만을 하여 고유의 맛을 느끼는 것이 무엇보다 중요하겠다.

:: **재료** 물미역

:: **양념재료** 집간장, 깨소금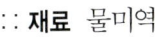

:: **만들기**
1 물미역은 뿌리 부분과 끝 부분을 적당히 잘라 낸다.
2 미지근한 물에 20분 정도 담가 두었다가 치대듯이 주물러 헹군다.
3 적당한 길이로 썰어 집간장, 깨소금으로 무친다.

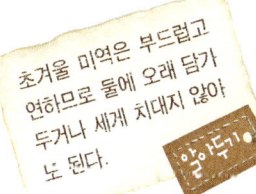

초겨울 미역은 부드럽고 연하므로 둘에 오래 담가 두거나 세게 치대지 않아도 된다.

간장 양념에 버무린
열무겉절이

밭에 여러 종류의 야채를 키우다 보면 열무에 벌레가 가장 먼저, 그리고 가장 많이 생기는 것을 볼 수 있다. 그만큼 열무는 비타민C 등 영양이 풍부하며 특히 몸에 기력을 왕성하게 하는 자연 강장 역할이 뛰어난 식재료 중의 하나이다. 너무 평범하게 일상적인 야채라 자칫 지나칠 수도 있지만 제철인 여름에는 신선하고 부드러운 열무로 김치, 비빔국수, 물국수, 나물, 찌개, 국, 비빔밥 등의 다양한 조리법이 있다.

:: **재료** 부드러운 열무

:: **양념재료** 조림간장, 채수, 고춧가루, 깨소금, 참기름

:: **만들기**
1 열무는 씻어 적당한 크기로 손질한다.
2 채수와 조림간장을 섞고 고춧가루, 깨소금을 넣어 양념장을 만든다.
3 열무와 양념장을 섞은 후 참기름을 둘러 준다.

> **알아두기**
> 간장 양념은 상추, 월동초, 쑥갓, 오이, 배추, 양배추, 미나리 등 일반적인 야채 겉절이에 사용한다.

특유의 감칠맛이 뛰어난
매생이무침

매생이는 참으로 독특하다. 어떻게 보면 흐물흐물하고 보잘것 없어 보이기는 하나, 영양 면에서 고단백질을 가진 알칼리성 식품으로 피로해져 가는 간의 기능을 활발히 돕고, 정신적으로는 스트레스나 우울증을 해소하는 등 여러 가지로 효과가 뛰어나 추천·권장되는 식품이다. 조리법으로는 일반적으로 국을 끓이고 수제비나 칼국수, 전, 양념장 등에도 이용된다.

: : **재료** 매생이

: : **양념재료** 집간장, 배, 참기름, 청량고추, 홍고추

: : **만들기**
1 매생이는 체에 받쳐 깨끗이 씻은 후 물을 뺀다.
2 설탕 대신 배를 강판에 갈아 걸러 놓고 고추는 다진다.
3 물을 뺀 매생이에 집간장, 배즙, 참기름을 넣고 젓가락으로 살살 섞어 준 후 다진 고추로 마무리한다. 보관이 어려우므로 즉석에서 먹을 양만큼만 조리하도록 한다.

기운이 상승하는
콩나물겨자채

콩나물은 혈관을 확장시키는 효능이 있어 답답증이 날 때, 감기 초기증상 등에 이용하면 효과를 볼 수 있으며, 겨자는 몸이 찌뿌듯해지는 비오는 날에 먹으면 다소 처진 기운을 상승시키기도 한다. 오래 저장이 가능한 겨자는 겨자유, 양념, 향신료로 이용되는데 양념으로 이용할 때는 하룻밤 밥통에 숙성시키면 거부감 없는 매운맛과 겨자 특유의 향을 느낄 수 있다.

:: **재료** 콩나물, 적파프리카, 피망, 새송이버섯(중간 크기)   :: **양념재료** 겨자소스, 소금

:: **만들기**

1. 콩나물은 다듬어 데친 후 찬물에 헹궈 소금으로 밑간한다.
2. 새송이버섯은 길게 썰어 데치고 적파프리카와 피망은 채썬다.
3. 콩나물과 야채를 넣어 겨자소스에 버무린다.

:: **겨자소스만들기**

:: **재료** 겨자가루, 꿀(설탕), 식초, 소금, 깨소금

1. 겨자는 하루 전날 미지근한 물에 개어 밥통에 넣어 둔다.
2. 1의 겨자에 꿀(설탕), 식초를 1 대 1로 넣고 소금, 깨소금을 넣어 섞어 준다.
   _ 숙주, 더덕, 천사채 등의 무침이나 샐러드에 어울린다.

깔끔하고 정갈한
느타리강회

:: **재료** 느타리버섯, 미나리   :: **양념재료** 초고추장, 소금

:: **만들기**

1 미나리는 잎을 다듬은 후 데쳐서 건져 놓는다.
   _ 질겨지므로 미나리는 오래 삶지 않는다.
2 느타리버섯은 끓는 물에 소금을 넣고 3분 정도 삶는다.
3 느타리버섯에 미나리를 돌려 말아 그릇에 담고 초고추장을 곁들인다.
   _ 번거롭다면, 데친 느타리와 미나리를 섞어 초고추장에 버무린다.

:: **초고추장만들기**

:: **재료** 고추장, 꿀(물엿), 사과즙, 매실효소액

1 사과는 강판에 간 후 즙을 낸다
2 고추장에 꿀(물엿), 사과즙, 매실효소액을 넣으며 단맛과 신맛을 조절한다.

산삼에 버금가는
더덕겨자채

본초강목에서는 "더덕은 위를 보하고 폐기를 보한다. 산기를 다스려 산삼에 버금가는 뛰어난 약효가 있다" 하여 '사삼沙蔘'이라 불렀다. 폐가 약하거나 기관지염이 있을 때 장기간 복용하면 해독작용이 있어 효과를 본다고 한다. 장아찌를 만들거나 양념장에 재워 구이로 사용하고 말려서 물로 끓여 마시기도 하지만 신선한 재료를 구했을 때는 생으로 먹거나 깔끔하게 겨자소스에 버무리면 독특한 더덕 고유의 맛과 향을 느낄 수 있다.

::**재료** 더덕   ::**양념재료** 겨자, 소금, 식초, 꿀(배즙), 흑깨

::**만들기**
1 더덕은 껍질을 벗긴 후 두드려 잘게 찢어 놓는다.
2 찢은 더덕은 식초물에 5분 정도 담가 두었다가 건진다.
3 겨자, 소금, 꿀(배즙)을 섞어 소스를 만든 후 더덕에 넣고 버무린다.
4 그릇에 담고 흑깨를 뿌린다.

무침 · 볶음류

'어느리'라는 말을 쉽게 알아들을 수가 없었다. 모양도 처음 보거니와 맛 또한 새롭다. 공양 올린 분의 설명대로 부드러운 것은 쌈이나 전으로 하고 중간 것은 나물로 무치고, 조금 거친 것은 장아찌를 담그기로 한다. 얇게 밀가루 반죽을 발라 부치니 선명한 초록이 감돌며 향긋함이 묻어난다. 어수리나물, 새롭지만 거부감이 전혀 없고 고소한 맛이 참으로 특이하다.

              __어수리나물 이야기

중금속을 해독하는
말린도토리묵볶음

체내에 쌓인 중금속을 해독하는 데 효과가 뛰어난 묵은 장국이나 묵비빔밥 외에도 쌀가루를 묻혀 들기름에 굽거나 잡채나 전으로 이용한다. 쫄깃하면서 야들야들한 묵은 저열량식품이면서 쉽게 오는 포만감으로 과식을 막아 준다. 말린 묵은 채소나 버섯, 묵은 김치, 김 등과 잘 어울린다.

:: **재료** 말린 묵, 파프리카, 표고버섯, 목이버섯

:: **양념재료** 들기름, 소금, 통깨

:: **만들기**
1 말린 묵은 한 번 헹궈 물에 잠시 불렸다가 건진다.
2 야채와 버섯을 들기름에 볶다가 묵을 넣어 소금간을 하며 볶는다.
3 불을 끄고 통깨를 뿌린다.

식이섬유가 풍부한
곤약고추볶음

곤약은 다른 음식과 함께 조리했을 때 맛과 향을 흡수하므로 볶음에는 고추나 감자, 무침이나 샐러드에는 미나리, 오이 등이 잘 어울린다. 곤약 자체로는 큰 영양이 없으나 다른 재료를 곁들여 균형을 이루도록 한다. 특히 식이섬유가 풍부한 저칼로리식품인 곤약과 고추를 함께 볶으면 고추의 매콤한 맛이 곤약에 배어 맛과 향을 더한다.

::**재료** 곤약, 풋고추(꽈리고추)

::**양념재료** 조림간장, 콩기름, 참기름, 통깨, 채수

::**만들기**
1 곤약은 길이대로 가늘게 썰거나 가운데 칼집을 넣어 꽈배기한다.
2 풋고추(꽈리고추)는 콩기름을 두르고 센불에서 볶아 둔다.
3 팬에 콩기름을 두르고 곤약을 볶다가 채수와 조림간장을 넉넉히 넣고 졸이듯이 끓인다.
4 곤약이 충분히 익으면 볶은 고추를 넣고 참기름, 통깨를 넣는다.

약용 가치가 뛰어난
능이버섯볶음

야채와 버섯 볶음은 센불에서 빠르게 요리하는 것이 무엇보다 중요하다. 인공재배가 안 되는 능이버섯은 최근 폐암, 위암, 간암 등에 효과가 있으며 영양과 약용 가치가 뛰어나 해마다 그 수요가 증가하고 있다고 한다. 조리법으로는 국, 전, 탕, 된장찌개, 칼국수, 밥, 차 등에 활용된다. 능이는 생식하면 가벼운 중독 증상이 있으므로 반드시 익혀 먹어야 한다. 제철에는 데쳐서 초고추장을 곁들이기도 하는데, 이때는 깨끗이 씻은 다음 데치고 데친 후에는 헹구지 않아야 향과 맛이 보존된다.

:: **재료** 능이버섯

:: **양념재료** 콩기름, 참기름, 소금, 통깨

:: **만들기**
1 능이버섯은 밑동을 잘 다듬은 후 적당한 크기로 잘라 씻어 둔다.
2 팬을 달군 후 콩기름과 참기름을 한 스푼씩 넣고 버섯을 볶는다.
3 소금으로 간한 후 불을 끄고 통깨를 뿌린 뒤 접시에 담는다.

적체와 어혈을 풀어주는
목이버섯볶음

목이버섯은 귀 모양을 닮아 '목이'라 불리며 활엽수의 고목에서 자란다. 중국요리에서 흔하게 볼 수 있듯이 거의 모든 볶음 음식에 잘 어울리고 우리나라에서는 잡채에 빠지지 않는 재료로 사용된다. 종균으로 재배가 가능한데 적체와 어혈을 풀어 주며 치통과 설사에도 효과가 뛰어나다. 말린 목이는 조금만 불려도 양이 많아지므로 참고한다.

:: **재료** 목이버섯, 마, 셀러리

:: **양념재료** 콩기름, 참기름, 소금, 통깨

:: **만들기**
1 목이버섯은 미지근한 물에 불려 손질한 후 센불에서 볶는다.
2 마와 셀러리는 다듬어 적당한 크기로 썬다.
3 팬을 달군 후 콩기름을 두르고 소금간을 하며 마, 셀러리를 볶는다.
4 3에 목이버섯을 섞은 후 참기름, 통깨를 넣는다.

향기를 머금은
자연송이볶음

∷ **재료** 자연송이버섯, 호박   ∷ **양념재료** 포도씨유, 소금, 물

∷ **만들기**

1 송이버섯은 밑동을 손질하여 호박과 같이 적당한 크기로 자른다.
2 팬을 달군 후 포도씨유를 두르고 센불에서 호박을 먼저 볶고 송이버섯을 볶는다.
3 물을 약간 넣어 볶다가 소금으로 산한 뒤 불을 끄고 접시에 담는다.

모양도 이름도 다양한
싸리버섯볶음

추석을 전후로 주변 산에는 버섯들이 자라나기 시작한다. 흔한 것이 싸리버섯이다. 싸리의 빗자루와 모양이 비슷해 붙은 이름이지만 자세히 알고 보면 황백색, 황갈색, 황금색 등으로 모양이나 색이 저마다 다르다. 이름도 송이싸리, 참싸리, 자주싸리, 광대싸리, 황금싸리 등으로, 데쳐서 양념을 곁들이기도 하고 볶음, 고명, 조림, 탕, 찌개, 국 등으로 활용되는데 부드러우면서 쫄깃한 느낌은 크게 변하지 않는다. 데친 후 푹 우려낸 뒤에 조리하도록 한다.

:: **재료** 싸리버섯, 애호박

:: **양념재료** 콩기름, 소금

:: **만들기**
1 싸리버섯은 밑동의 모래 부분을 잘 다듬어 데친 후 하루 정도 충분히 우려낸다.
2 애호박은 적당한 크기로 썰어 둔다.
3 팬에 콩기름을 두르고 소금간을 하며 호박을 볶다가 싸리버섯을 볶는다.

겨울철 영양 공급
묵나물

나물의 효능을 알아차린 우리 조상들은 여름내 먹고 남은 나물을 데치고 말려서 겨울철에 영양소를 공급하는 귀중한 식재료로 사용하였다. 옛말에 "묵은 나물 먹으면 한 해 더위 물리칠 수 있다"고 한다. 건나물은 물에 너무 오래 불리면 흐느적거리고 단맛이 빠지기 때문에 30분 안팎으로 불리는 것이 좋다. 볶음, 전, 탕에 넣기도 하며 잡채, 비빔밥 등의 부재료로도 이용된다.

:: **재료** 말린 나물

:: **양념재료** 채수, 집간장, 들기름, 깨소금

:: **만들기**
1 말린 나물은 끓는 물에 푹 삶아 여러 번 헹궈 낸다.
　_ 잔 흙이 나오지 않을 때까지 헹군다.
2 물기를 적당히 짠 후 들기름, 집간장을 넣고 간을 한다.
3 팬에 들기름을 두르고 채수를 넣어 가며 나물을 촉촉하게 볶는다.
4 깨소금을 넣고 불을 끈다.

비타민의 보물창고
무청나물

통풍이 잘되고 그늘진 곳에서 말린 시래기가 영양성분이 우수하며 물의 흡수성도 좋다. 비타민의 보물창고 무청은 말린 후에도 영양분 손실이 거의 없으며 음식을 만들 때도 잘 찢어지고 연하여 맛이 좋으며 소화가 잘된다.

:: **재료** 무청(시래기)

:: **양념재료** 집간장(된장), 고춧가루, 채수, 청·홍 고추

:: **만들기**
1 무청(시래기)은 푹 삶아서 껍질을 벗긴 후 적당한 크기로 썬다.
2 청·홍 고추는 어슷썰기한다.
3 집간장(된장)과 소량의 고춧가루를 넣은 후 간이 배도록 무쳐 놓는다.
4 팬을 달군 후 무청을 볶다가 채수를 붓고 충분히 익힌다.

집간장에 버무린
고구마잎나물

고구마잎은 뿌리와 줄기만큼 널리 알려져 있지는 않은 것 같다. 여름철, 한 소쿠리 잎을 따서 찬으로 내놓으면 처음 접한다는 분들이 많다. 느낌은 오가피 맛과 비슷하지만 감칠맛이 있고 씁쓸하지는 않다. 대신 미끄덩한 느낌이 있으므로 오래 주물러 무치지 않는다. 된장국을 끓이거나 쌈으로도 이용하며, 된장에 들기름을 넣어 무치기도 하지만 집간장을 사용하면 깊고 깔끔한 맛을 낸다.

:: **재료** 고구마 순잎

:: **양념재료** 집간장, 깨소금, 참기름, 통깨, 소금

:: **만들기**
1 고구마순잎을 소금을 넣고 데친 후 찬물에 헹군다.
 _ 순잎은 줄기의 끝부분을 말하며 부드러우므로 오래 삶지 않는다.
2 데친 잎은 물기를 짜고 집간장, 소금, 깨소금, 참기름을 넣고 버무린다.
3 접시에 담아 통깨를 뿌린다.

산채의 으뜸
두릅나물

두릅은 겨우내 추위를 이겨 내느라 비타민이 많이 소모되어 몸과 마음이 나른해지고 입맛을 잃기 쉬운 봄에 새순이 돋아난다. 최고의 품질은 처음 돋아나는 새싹이며 당뇨병과 신장병의 묘약으로 이용된다. 두릅은 나무, 뿌리, 새순 등을 약용하며 새순은 산채의 왕자라고 불릴 만큼 맛이 좋다.

:: **재료** 두릅

:: **양념재료** 소금, 깨소금, 참기름

:: **만들기**

1 두릅은 밑동을 다듬은 후 끓는 물에 소금을 넣고 데친다.
2 물기를 살짝 짜고 소금, 깨소금을 넣고 무친다.
3 그릇에 담기 전에 참기름을 약간 넣는다.

> 두릅은 소금물에 데쳐 물기를 짜고 초고추장을 곁들여 내어도 훌륭한 요리가 된다. 두릅의 향긋함을 느끼기에 좋은 조리법이다.

왕삼이라 불리는
어수리나물

어수리의 최대 재배지인 경북 영양에서는 여느리라 부르며 지방에 따라 어느리, 어너리, 은어리 등으로 불린다. 향은 당귀와 비슷하며 씹히는 느낌도 좋은 산채로, 수라상에 올라갔던 대표적인 나물이라 한다. 처음 순으로 나오는 부드러운 것은 겉절이나 쌈으로 별미이며 전, 묵나물, 장아찌, 국거리, 나물밥 등으로도 활용되는데 특히 어수리나물밥은 특유의 부드러움과 향긋함으로 인해 최고의 나물밥으로 손꼽을 수 있다.

:: **재료** 어수리

:: **양념재료** 소금, 깨소금, 참기름

:: **만들기**
1 어수리는 소금을 넣고 데친다.
2 소금을 넣고 간을 맞춘 후 깨소금과 참기름을 약간 넣는다.

숙취 해소에 좋은
무나물

무는 날것은 아삭하지만 매운맛이 있고 익히면 달고 부드러워져 소화에 부담이 없다. 가벼운 식사를 하고자 할 때는 무국을 끓이거나 나물이 좋으며 푹 익힌 무나물만 넣은 비빔밥은 순하고 부드럽다. 무는 손상된 간을 보호하고 기침, 감기에도 효과가 뛰어나 조리법이 다양하고 차 등으로 음용되기도 한다.

::**재료** 무, 쌀뜨물

::**양념재료** 소금, 깨소금, 콩기름

::**만들기**
1 무는 채를 친 후 콩기름을 두르고 볶는다.
2 1에 쌀뜨물과 소금을 넣고 푹 익힌다.
3 무가 익으면 깨소금을 뿌린다.

조청 양념으로 버무린
고추양념무침

고추의 매운맛은 기운을 발산하는 성향이 있어 우울함을 해소시키며 성질이 뜨겁고 맵기 때문에 몸이 냉하거나 소화불량인 사람에게 좋은데, 침샘과 위샘을 자극해 소화를 돕기 때문이다. 사과보다 풍부하게 든 고추의 비타민C는 열을 가하여도 파괴되지 않으므로 국, 찌개에 넣거나 볶음 요리에도 맛을 낸다.

: : **재료** 애동고추, 밀가루

: : **양념재료** 조청, 양념간장

: : **만들기**

1 애동고추는 씻은 후 바로 밀가루를 묻힌다.
2 찜솥에 보자기를 깔고 고추를 올려 찐 다음 김이 오르면 뚜껑을 연다.
   _ 뚜껑을 열고 익히면 색깔이 곱다.
3 양념간장(p17 참고)에 조청을 넣어 양념장을 만든 후 찐 고추와 섞어 준다.

128

상큼하고 깔끔한
노각(늙은오이)무침 ① ②

여름이 기울고 가을이 다가오는가 싶을 때 노각(늙은오이)이 여물어 간다. 더위와 쌀쌀한 날씨가 함께 느껴질 때이다. 소금으로 간하여 깔끔하게 볶거나 들깨가루를 넣어 담백한 맛을 보충하기도 한다. 김치양념에 버무리거나 된장을 넣고 국을 끓이는 등 다양하고도 부담 없는 식재료로 사용된다.

[노각(늙은오이)무침 ①]

:: **재료** 노각, 아스파라거스

:: **양념재료** 고추장, 고춧가루, 사과즙, 참기름, 통깨, 소금

:: **만들기**
1 노각은 껍질을 벗겨 반으로 갈라 속을 파내고 적당한 크기와 모양으로 썬다.
2 손질한 노각은 짜지 않게 10분 정도 절인 후 물기를 짠다.
3 아스파라거스는 데친 후 적당한 길이로 썰거나 쫑쫑 썬다.
4 새콤한 초고추장을 만든 후 노각과 아스파라거스를 넣어 무친다.

[노각(늙은오이)무침 ②]

:: **재료** 노각, 아스파라거스

:: **양념재료** 식초, 꿀(설탕), 소금, 깨소금

:: **만들기**
1 노각은 껍질을 벗겨 반으로 갈라 속을 파내고 적당한 크기와 모양으로 썬다.
2 손질한 노각은 짜지 않게 10분 정도 절인 후 물기를 짠다.
3 아스파라거스는 데친 후 적당한 길이로 썰거나 쫑쫑 썬다.
4 새콤달콤한 양념장을 만든 후 노각과 아스파라거스를 섞고 깨소금을 뿌린다.

너무 익어버린 김치의 활용
열무김치볶음

냉장보관을 아무리 잘한다 하더라도 어떤 음식이든 신선도는 떨어지고 본래 맛은 변하기 마련이다. 그냥 두고 먹으려니 줄지 않는 음식을 한두 가지 양념으로 새로운 찬을 만들어 내는 지혜는, 음식물 쓰레기를 줄이는 것은 물론 만들 때의 정성도 잊지 않는 등 여러 가지 이익을 가져다 준다. 너무 시어 버렸거나 굳어 버린 음식을 버리기 이전에 한 번 더 활용할 수는 없는지 생각하는 습관을 가져볼 일이다.

:: **재료** 열무김치

:: **양념재료** 채수, 된장, 들기름

:: **만들기**
1 열무김치는 국물을 꼭 짠다.
2 팬을 달군 후 들기름을 두르고 열무김치를 볶는다.
3 채수를 넉넉히 넣고 된장 한 스푼을 넣은 후 불을 낮추고 졸인다.
4 반쯤 졸았을 때 다시 들기름을 넣고 졸인 후 불을 끈다.

조림·구이류

출가를 하게 되면 옛 어른스님들께서는 "감자중이 되어라"는 말씀을 하셨다. 이 말은, 감자는 버릴 것이 하나도 없으므로 스님 생활도 그리 하라는 말씀인 듯하다. 꽃샘추위가 지나고 늦봄에 내린 눈이 녹기 시작하면 봄이 찾아오기 마련이다. 새순이 돋아나고 밭에 냉이가 돋기 시작하는 4월이 조금 지나면 감자씨를 심는다. 이때 씨감자의 눈을 잘 따 줘야 하는데 만약 서둘러 감자눈을 제 내도 따 주지 못하고 심으면 열매를 맺지 못한다. 감자는 하지가 지나면 캐는데 이때는 장마가 시작되는 때이기도 하므로 시기를 잘 맞춰 수확하는 것이 무엇보다 중요하다.

경상도
우엉잎조림

경상도라 해도 경남지역에서 즐겨 먹는 음식이 아닌가 싶다. 뿌리만 먹는 것으로 알고 있는 분도 적지 않다. 우엉잎은 흔히 졸여서 먹거나 쪄서 쌈으로 이용하는데 살짝 찌면 질기므로 푹 익혀야 한다. 억센 깻잎으로 조림을 할 때 양념에 콩기름 몇 방울을 넣으면 부드러워지듯이 우엉잎에는 들기름을 넣었다. 노스님들뿐만 아니라 모두가 좋아하는 음식 중의 하나이다.

:: **재료** 우엉잎, 당근, 표고버섯, 청·홍 고추

:: **양념재료** 채수, 들기름, 집간장, 조림간장, 고춧가루

:: **만들기**
1 우엉잎은 줄기를 훑으며 씻은 후 켜켜이 포개고 표고버섯과 야채는 다진다.
　_ 긴 줄기는 따로 잘라 둔다.
2 들기름, 채수, 집간장, 조림간장, 고춧가루를 섞어 양념장을 만든 후 다진 야채를 섞는다.
3 솥에 채수와 들기름을 넉넉히 붓고 우엉잎을 넣으며 양념장을 끼얹는다.
4 줄기도 양념장을 섞은 후 솥 가운데 넣고 푹 익힌다.

버릴 것이 없는
알감자조림

출가를 하게 되면 옛 어른스님들께서는 "감자중이 되어라"는 말씀을 하셨다. 이 말은, 감자는 버릴 것이 하나도 없으므로 스님 생활도 그리 하라는 말씀인 듯하다.

꽃샘추위가 지나고 늦봄에 내린 눈이 녹기 시작하면 봄이 찾아오기 마련이다. 새순이 돋아나고 밭에 냉이가 돋기 시작하는 4월이 조금 지나면 감자씨를 심는다. 이때 씨감자의 눈을 잘 따 줘야 하는데 만약 서툴러 감자눈을 제대로 따 주지 못하고 심으면 열매를 맺지 못한다. 감자는 하지가 지나면 캐는데 이때는 장마가 시작되는 때이기도 하므로 시기를 잘 맞춰 수확하는 것이 무엇보다 중요하다.

∷ **재료** 알감자

∴ **양념재료** 집간장, 콩기름, 조림간장, 요리당(물엿), 채수, 통깨, 참기름

∷ **만들기**

1 알감자는 흙이 잘 떨어지도록 물에 10분 정도 담근 후 껍질째 깨끗이 씻는다.
2 솥에 콩기름을 두르고 알감자를 볶다가 채수, 집간장, 조림간장, 요리당(물엿)을 넣고 조린다.
3 감자가 다 익으면 참기름을 살짝 두르고 통깨를 뿌린다.
  _ 즉석에서 먹을 때는 참기름을 두르지만 양이 많아 두고 먹을 때는 참기름은 생략한다.

달고 부드러운
가을무조림

∷ **재료** 무

∷ **양념재료** 채수, 들기름, 고춧가루, 집간장, 조림간장, 다진 생강

∷ **만들기**
1 무는 껍질째 씻은 후 적당한 크기로 자른다.
2 채수에 들기름, 고춧가루, 집간장, 조림간장, 다진 생강을 넣고 양념장을 만든다.
3 무에 양념장을 버무린 후 재워 둔다.
4 팬을 달군 후 양념된 무를 볶다가 채수를 붓고 충분히 익힌다.
  _ 무는 입 안에서 녹듯이 충분히 익혀야 맛있다.

감칠맛 나는
표고버섯꽁지조림

:: **재료** 표고버섯꽁지

:: **양념재료** 들기름, 채수, 조림간장, 실고추, 통깨

:: **만들기**
1 표고버섯꽁지는 맨 아래 뿌리 부분을 잘라내고 적당한 크기로 찢는다.
2 팬에 들기름을 두르고 버섯 꽁지를 볶다가 채수, 조림간장, 실고추를 넣고 조린다.
3 양념장이 알맞게 졸아들면 불을 끄고 통깨를 뿌린다.

> 버섯 꽁지가 모이면 찢어 말려 두었다가 한 번만 튀겨서 조림한다.

담백하고 부드러운
감자조림①②

[감자조림 ①]

:: **재료** 감자

:: **양념재료** 조림간장, 요리당, 검은깨, 채수, 포도씨유

:: **만들기**
1 감자는 적당한 크기로 썰어 물에 헹군다.
2 팬을 달군 후 포도씨유를 넣고 감자를 볶는다.
3 조림간장과 채수를 약간 넣은 후 조린다.
4 감자가 반쯤 익으면 요리당을 넣고 다시 볶으며 조린다.
5 감자가 투명해지면 불을 끄고 그릇에 담은 후 검은깨를 뿌린다.

[감자조림 ②]

:: **재료** 감자, 당근, 풋고추

:: **양념재료** 고추장, 들기름, 요리당, 통깨, 채수

:: **만들기**
1 감자는 적당한 크기로 납작하게 썰어 헹군다.
   _ 물에 한 번 헹구면 볶을 때 들러붙지 않는다.
2 당근은 동글납작하게 썰고 풋고추는 어슷썰기한다.
3 팬에 들기름을 두르고 고추장을 볶다가 감자, 당근, 풋고추를 넣어 볶는다.
4 채수를 넣어 졸이듯이 볶다가 감자가 반쯤 익으면 요리당을 넣고 다시 조린다.
5 감자가 익으면 불을 끄고 그릇에 담은 후 통깨를 뿌린다.

> 감자는 너무 얇게 썰면 부서지므로 약간 도톰하게 썰도록 힌다.

채식단백질의 보고
두부조림

맛있는 음식이란 어떤 음식일까. 무슨 음식이든지 간이 맞아야 하고 재료의 특성에 맞는 조리법이 되어야 할 것이다. 다음으로는 입맛에 맞추는 것도 좋지만 건강에 이익이 되는가도 생각해야겠다. 채식단백질이 풍부한 두부는 최고의 건강식이자 보약식이기도 하다. 구이를 할 때는 겉과 속이 겉돌지 않도록 따뜻하게 굽고, 조림을 할 때에는 속까지 간이 배도록 보글보글 서서히 조린다.

:: **재료** 두부, 팽이버섯, 감자, 무

:: **양념재료** 채수, 집간장, 조림간장, 고춧가루, 생강즙

:: **만들기**
1 채수에 조림간장, 집간장, 고춧가루, 생강즙을 넣고 양념장을 넉넉히 만든다.
2 솥에 얇게 썬 무를 깔고 두부와 감자, 팽이버섯, 양념장을 차례대로 얹는다.
3 두부 속까지 간이 배도록 양념장을 충분히 넣고 서서히 조린다.

담백하고 고소한
튀긴두부조림

콩은 소화율이 낮아 유용한 영양소를 충분히 흡수할 수 없다는 단점이 있다. 그런데 콩을 갈아 두부로 만들어 먹으면 소화율이 95%로 높아진다. 또한 두부로 만들어지는 과정에서 칼슘 함유량이 늘어나 영양 면에서 훨씬 균형 잡힌 식품이 된다고 한다.

:: **재료** 두부

:: **양념재료** 채수, 조림간장, 후추, 편생강, 실고추, 콩기름, 무

:: **만들기**
1 두부는 콩기름을 두르고 굽거나 튀긴다.
2 채수에 조림간장, 편생강, 후추를 넣어 양념장을 만든다.
3 솥에 무를 깔고 두부를 넣은 후 양념장을 붓고 끓인다.
4 실고추는 양념장에 섞어 넣거나 고명으로 얹는다.

혈액순환에 좋은
더덕구이

더덕구이를 하려면 양념이 중요하다. 더덕의 향은 씹을수록 입안에 감도는데, 양념에 매운맛 짠맛이 강하거나 독특한 향이 있는 것은 피하도록 한다. 양념에 재워 들기름에 구운 더덕은 부드러우면서도 고소하고 다진 잣은 고추장 양념과 조화를 이뤄 담백한 맛과 영양을 더한다.

::**재료** 더덕, 적·황 파프리카, 미나리

::**양념재료** 고추장, 고춧가루, 조청, 생강즙, 배즙, 소금, 다진 잣, 들기름

::**만들기**
1 더덕은 다듬어 얇게 두드린 후 배즙, 소금으로 양념한다.
 _ 양념한 더덕은 한 번 굽는다.
2 파프리카는 들기름에 볶고 미나리는 데쳐 소금으로 간한다.
3 고추장, 고춧가루, 생강즙, 배즙, 조청으로 양념장을 만든다.
4 구운 더덕에 양념장을 발라 들기름을 두르고 굽는다.
5 더덕과 파프리카를 미나리로 묶어 준 후 잣을 뿌린다.

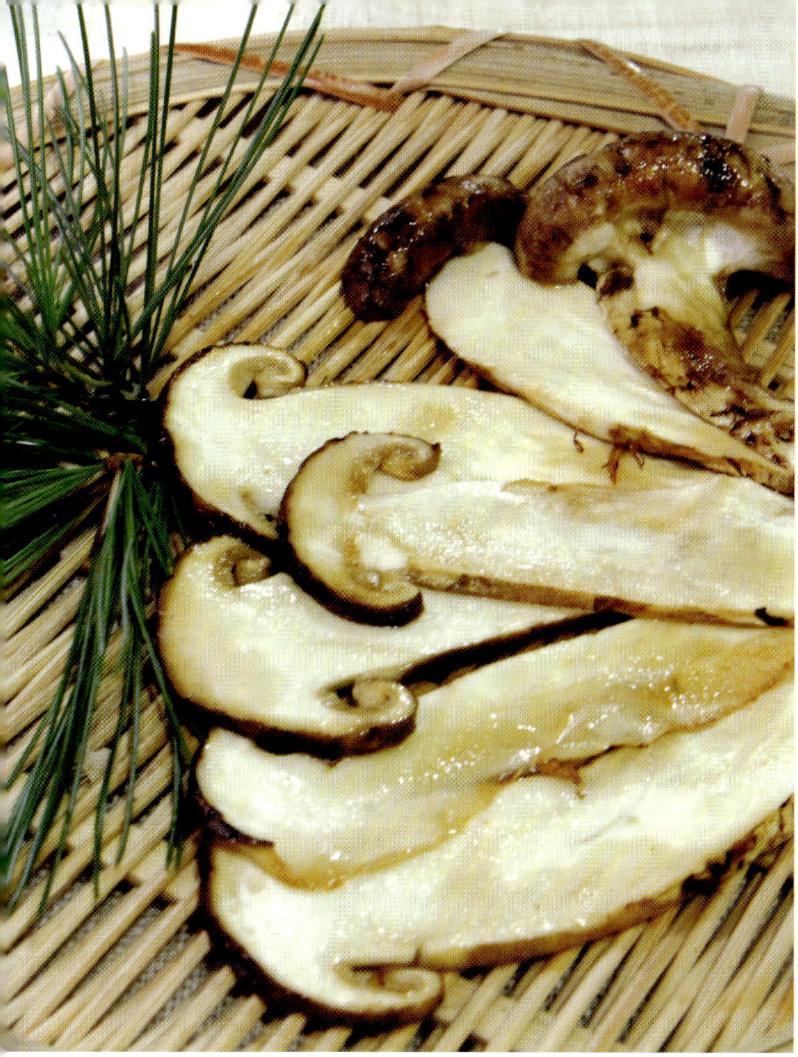

100년
소나무의 향기
송이구이

알아두기

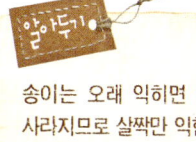

송이는 오래 익히면 향이 사라지므로 살짝만 익힌다. 만들기 바로 직전에 씻어야 물러지지 않는다.

:: **재료** 자연송이버섯

:: **양념재료** 참기름, 소금(죽염)

:: **만들기**

1 송이버섯은 잘 다듬어 씻은 후 길이대로 자른다.
2 팬에 참기름을 두르고 물을 약간 부어 가며 굽는다
3 소금(죽염)은 뿌리거나 곁들인다.

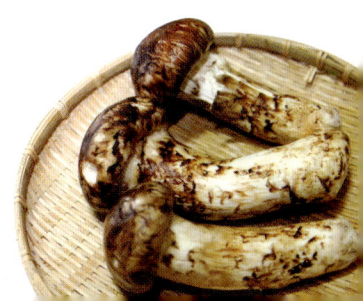

배즙 양념장에 재운
생표고버섯구이

표고버섯이 영양 면에서 가치가 높다는 것은 널리 알려져 있다. 그래서인지 조리법도 다양하여 갖은 요리에 주재료 또는 고명으로 들어간다. 찜솥에 찐 후 소금장을 곁들여도 훌륭하고, 볶음, 탕, 국, 튀김, 잡채, 찌개, 전, 버섯밥 등에도 부담 없이 이용할 수 있다.

:: **재료** 생표고버섯

:: **양념재료** 배즙, 조림간장, 후추, 참기름, 생강즙

:: **만들기**
1 생표고버섯은 기둥을 따고 흐르는 물에 씻은 후 등에 사선으로 칼집을 넣는다.
2 표고버섯에 배즙, 조림간장, 후추, 참기름, 생강즙을 넣고 재워 둔다.

   _ 배는 갈아서 그대로 사용하거나 짜서 즙만 사용한다.
3 팬에 양념된 표고버섯을 넣고 중불에서 눌러 가며 익힌다.

피를 잘 통하게 하는
표고버섯두부구이

본초강목에 "표고버섯은 기를 도와주고 허기를 느끼지 않게 하며 풍을 고치고 피를 잘 통하게 한다"고 한다. 표고버섯두부구이는 항암효과가 뛰어난 표고와 단백질과 비타민 등의 영양을 골고루 함유하고 있는 호박, 두부, 야채를 이용해 만든 담백하면서도 부드러운 건강식이다.

::**재료** 표고버섯, 두부, 감자, 당근, 고추, 파프리카, 단호박

::**양념재료** 카레가루, 소금, 후추, 포도씨유, 전분, 고추냉이소스(양념장)

::**만들기**
1 불린 표고버섯은 물기를 짜고 카레가루에 버무려 둔다.
2 다진 감자, 당근, 고추, 파프리카를 팬에 소금간하여 볶는다.
3 으깬 두부와 야채를 섞어 후추, 소금으로 간한다.
4 속을 채운 표고버섯에 찐 단호박을 바른 뒤 전분을 묻혀 굽는다.
5 고추냉이소스나 양념장을 곁들인다.

단풍, 갯마을 수향리의 아름드리숲이여!

불영사의 가을

골골마다 드는 아름다운 단풍

    불영사의 가을은 어떻게 오는가. 골골마다 드는 아름다운 단풍과 거기서 펼쳐지는 문화의 향연. 불영사의 가을은 그렇게 불영사계곡의 비경(秘境)과 '사찰음식 문화향연 및 산사음악회'로 온다.

    몸과 마음의 건강을 지키는 불영사의 지혜가 담긴 사찰음식을 통해 자연과 문화를 함께 즐기도록 준비한 것이 '사찰음식 문화향연 및 산사음악회'이니, 이 행사는 눈 시린 불영사의 가을 풍광과 건강을 지키는 사찰음식, 마음을 쉬게 하는 음악이 어우러지는 문화의 향연이라 하겠다. 이 아름다운 행사에 불영사의 가을이 오롯이 담겨 있다.

사찰음식 문화향연과 산사음악회

　가을, 골골마다 드는 화려한 단풍은 화려하다기보다는 나무 자체의 자연스러운 순환의 한 역할이다. 그렇게 자연스러운 생명 순환의 힘에 아름다움이 더해진 불영사계곡의 풍광과 거기서 펼쳐지는 '불영사 사찰음식 문화향연과 산사음악회'. 불영사의 가을은 그렇게 불영사계곡의 비경(秘境)과 '사찰음식 문화향연 및 산사음악회'로 온다.
　주지 심전 일운 스님이 많은 이들에게 불교문화를 체험하게 하고 사찰음식을 접할 수 있는 기

　회를 제공하기 위해 2009년 처음 마련한 사찰음식 문화향연 및 산사음악회는 불영사 고유 사찰음식의 소박함과 친환경적인 맛이 알려지면서 큰 관심과 호응을 얻어 지속적인 행사로 발전하고 있다.
　사찰에서는 음식 만드는 일 하나하나가 수행의 과정이다. 만드는 일에서부터 먹는 일까지 모두를 수행으로 여기는데, 오신채(불가에서 금지하고 있는 파, 마늘, 부추, 달래, 흥거의 다섯 가지 채소)를 전혀 사용하지 않은 108가지 음식에는 스님들의 수행정신이 오롯이 녹아 있다. 거기다 사람을 살리는 음식을 만들고자 하는 마음과 올바른 식생활습관을 알려 주고자 하는 뜻을 담았으니 불영사 사찰음식은 또한 약이 되는 음식이라 할 수 있겠다.

골골마다 드는 단풍과
　　사찰음식 문화향연,
불영사의 가을을 말하다.

찜 · 탕류

이런저런 야채들이 있을 때는 탕이나 찌개를 만들어 보고, 밥은 식어서 남아 있고 반찬은 마땅하지 않을 때, 볶음밥이나 덮밥을 생각하면 좋을 듯하다. 좋은 음식이라는 것이 꼭 비싼 재료를 쓰는 것을 말하는 것은 아닐 것이다. 쉽게 얻을 수 있는 흔한 것이라 하더라도 소중히 생각해서 지혜롭게 응용하는 습관을 가지는 것이 무엇보다 중요하겠다.

한식의 세계화

야채떡볶이

떡볶이의 역사는 정확히 알 수 없다고 한다. 조선시대에 유명한 대장금이 궁중 떡볶이를 선보였다는 말이 있으나 확실히 알 수는 없다. 최근에는 한식의 세계화로 세계 어느 요리와 견주어도 뒤지지 않을 만큼 한식이 영양이나 맛 면에서 높은 평가를 받고 있다. 그중 떡볶이는 패스트푸드에 길들여진 아이들에게 더없이 좋은 간식이 되고 있다.

∷ **재료** 떡볶이떡, 양배추, 양송이버섯

∷ **양념재료** 고추장, 꿀(설탕), 고춧가루, 후추, 채수, 통깨

∷ **만들기**
1 떡볶이떡은 충분히 말랑말랑하도록 준비한다.
2 양송이버섯과 양배추는 적당한 크기로 준비한다.
3 채수에 양념재료를 넣고 떡볶이양념장을 만든다.
   이때 꿀(설탕)을 많이 넣으면 떡이 딱딱해지므로 참고한다.
4 양념장에 떡과 야채를 넣고 통깨를 뿌린다.

오장이 편안한
야채호박찜

남과(南瓜)라고도 불리는 호박은 동의보감에 "성분이 고르고 맛이 달며 독이 없고 오장을 편하게 하며 산후 진통을 낫게 하고 눈을 밝게 한다"고 전한다. 부드럽고 연하여 영양이 결핍되기 쉬운 노인분들에게 더없이 좋다. 송이가 풍년이라 맛과 향 그리고 영양이 풍부한 자연송이를 고명으로 준비했다.

: : **재료** 애호박, 당근, 미나리, 송이버섯, 표고버섯, 풋고추, 파프리카

: : **양념재료** 고춧가루, 깨소금, 조림간장, 소금, 생강즙

: : **만들기**
1 애호박은 길게 반으로 잘라 속을 파내고 소금에 살짝 절인다.
2 야채와 버섯은 적당한 길이로 자른다.
3 조림간장, 고춧가루, 생강즙, 깨소금을 넣고 양념장을 만든다.
4 야채와 버섯을 양념장에 버무린 후 호박 안쪽에 올리고 찜솥에 찐다.

샤부샤부
야채옥수수탕

옥수수는 섬유질이 풍부하게 함유되어 있어 장 운동을 활발하게 해 준다. 또한 단백질, 섬유소, 비타민 등의 성분을 함유하고 있어 건조한 피부나 습진 등에 미용 효과가 있으며 노화에도 저항력을 높이는 데 좋다. 잇몸질환과 관련되는 약품 재료에 옥수수 추출물이 첨가되는 것처럼 가지런한 옥수수를 먹으면 이가 좋아진다고도 한다.

::**재료** 옥수수, 물표고버섯, 애느타리버섯, 청경채, 노란속배추, 청·홍 고추

::**양념재료** 채수, 집간장, 소금, 후추

::**만들기**
 1 옥수수는 미리 삶아 먹기 좋은 크기로 3~4등분한다.
  _ 가을에 삶은 옥수수가 남았을 때 냉동 저장해 둔다.
 2 버섯과 야채는 적당한 크기로 다듬는다.
 3 갖은 재료에 채수를 붓고 끓이다가 집간장, 소금, 후추를 넣는다.

발효음식의 신비
묵은지통김치찜

세계보건기구가 인정한 건강식품인 김치는 유행병과 질병이 유행할 때 항상 그 효능이 거론된다. 발효과학의 신비로 이야기될 만큼 항암·항산화작용뿐만 아니라 면역력 증진에서 탁월한 효과를 보이는 김치는 영양분과 섬유질이 풍부하다. 그런 김치를 묵힌 묵은지는 단순한 매운맛이 아니라 양념, 손맛, 장기간 숙성이 빚어낸 맛의 조화이다. 여름에는 채수만 사용하고 쌀쌀한 날씨에는 들기름에 재워 조리한다.

∷ **재료** 묵은지, 건표고버섯

∷ **양념재료** 들기름, 채수

∷ **만들기**
1 통김치에 들기름 을 넣고 골고루 섞어 재워 둔다.
2 솥에 통김치와 건표고버섯을 넣고 김치가 잠기도록 채수를 넉넉히 부은 뒤 끓인다.
3 2가 끓으면 불을 낮추고 고듯이 2시간 정도 푹 졸인다.
_ 싱거우면 간장으로 간하되 대체로 김치만으로도 충분하다.

부드럽고 담백한
호박선

호박선에 이용되는 애호박은 크기와 모양이 균열하고 껍질이 연하고 부드러우며 육질이 치밀하고 단단한 것이 좋다. 또한 육질이 과숙되지 않고 과피의 색이 연한 것이 좋다.

:: **재료** 애호박, 파프리카, 표고버섯, 당근

:: **양념재료** 소금, 들기름

:: **만들기**

1 애호박은 반으로 자른 후 적당한 길이로 잘라 칼집을 넣고 소금에 30분 정도 절인다.
2 표고버섯과 야채는 잘게 다지고 소금으로 간하며 들기름에 볶는다.
3 절인 호박은 건져 물기를 빼고 들기름에 볶은 후 식힌다.
4 호박 사이에 버섯과 야채를 넣는다.

down에서 up
매운떡볶이

:: **재료** 떡볶이떡

:: **양념재료** 들기름, 고추장, 고춧가루, 꿀, 후추, 청량고추, 생강즙, 통깨

:: **만들기**
1. 떡볶이떡은 충분히 말랑말랑하도록 준비한다.
   _ 미지근한 물에 불리거나 끓인 물에 데쳐 낸다.
2. 청량고추는 잘게 다진다.
3. 팬을 달군 후 들기름, 고추장, 고춧가루, 생강즙을 넣고 볶다가 꿀과 후추를 약간씩 넣어 양념장을 완성한다.
4. 양념장에 다진 청량고추와 떡을 넣고 섞어 준 후 통깨를 뿌린다.

추억이 담긴
누룽지탕수이

동의보감에 "음식이 목구멍으로 잘 넘어가지 못하거나 넘어가도 위까지 내려가지 못하고 토해 오랫동안 음식을 먹지 못하는 병인 열격은 누룽지로 치료한다. 여러 해가 된 누룽지를 강물에 달여 아무 때나 마신다"고 한다. 이렇게 누룽지는 약으로까지 쓰였다. 전기밥솥, 압력밥솥을 사용한 뒤로 누룽지는 일부러 만들지 않으면 안 되는 귀한 음식이 되어 버렸다. 간간이 생기는 누룽지를 모아 두었다가 숭늉, 튀김, 탕수이로 만들면 그 자체가 별미 중의 별미이다.

∷ **재료** 누룽지, 당근, 오이, 옥수수콩, 완두콩

∷ **양념재료** 채수, 전분, 조림간장, 고춧가루, 식초, 설탕, 소금, 콩기름

∷ **만들기**
1. 누룽지는 높은 온도의 콩기름에 튀겨 쌀알이 터지면 건진다.
2. 당근, 오이와 옥수수콩, 완두콩을 준비한다.
3. 소스만들기_채수에 조림간장, 고춧가루, 식초, 설탕, 소금을 넣고 끓이다가 야채와 완두콩을 넣고 전분을 넣어 농도를 맞춘다.
4. 튀긴 누룽지에 소스를 끼얹는다.

아이들도 좋아하는
표고버섯탕수이

표고버섯은 기온이 낮고 건조한 바람이 부는 봄철에 자란 것이 맛과 향이 좋다. 표고버섯은 고혈압과 콜레스테롤 수치를 낮추고 암 발병률을 억제하며 몸의 면역 기능을 높여주는 레티닌이 들어 있어 각종 종양이나 감기와 같은 잔병을 예방하는 데 도움을 준다.

:: **재료** 건표고버섯, 사과, 당근, 브로콜리
:: **양념재료** 채수, 조림간장, 집간장, 고추장, 식초, 전분, 꿀(설탕), 밀가루, 콩기름
:: **만들기**
1 건표고버섯은 불려 기둥을 따고 적당한 크기로 자른 뒤 집간장으로 양념힌다.
2 1의 버섯에 전분을 입히고 밀가루반죽에 적신 후 두 번 튀겨 낸다.
3 브로콜리는 데치고 과일과 야채를 준비한다.
4 소스만들기_채수에 조림간장, 집간장, 고주상을 넣고 졸이다가 꿀(설탕), 식초, 전분을 넣어 간과 농도를 맞춘 후 과일과 야채를 넣어 소스를 완성한다.
5 튀긴 버섯에 소스를 끼얹는다.

부담 없이 즐기는
달콤한

당면찜

당면을 좋아하는 분들이라면 대부분 잡채를 참 많이 좋아한다. 김치찌개나 김말이 속에 들어간 당면도 좋지만 당면 고유의 맛을 느끼고 싶을 때는 간장소스만으로도 충분한 당면찜을 만들어 본다. 여기에 약간의 야채와 버섯이나 밤, 은행 등을 추가하면 영양까지 보태는 입맛 돋우는 당면찜이 된다.

:: **재료** 당면, 단호박, 애느타리버섯

:: **양념재료** 채수, 청량고추, 말린 홍고추, 배, 집간장, 조림간장, 후추, 다진 생강, 통깨, 참기름, 들기름

:: **재료준비**
1 당면은 미리 찬물에 불려 놓는다.
2 단호박은 껍질을 벗겨 깍둑썰기한다.
3 애느타리버섯은 밑동을 자르고 2~3가닥으로 찢는다.
4 배는 강판에 갈아 두고 청량고추는 반으로 가른다.

:: **만들기**
1 솥에 당면 양의 2.5배의 채수를 붓고 말린 홍고추, 청량고추, 배즙을 넣고 끓인다.
2 채수가 끓으면 버섯을 넣고 집간장과 조림간장으로 간을 맞춘다.
3 불린 당면을 넣은 후 적당히 익으면 다진 생강, 후추를 넣는다.
4 그릇에 담기 전에 참기름, 들기름을 살짝 두르고 통깨를 뿌린다.

:: **달콤한 간장소스 이용하기**

채수에 배즙을 넣고 집간장, 조림간장으로 간을 한 후 후추, 생강, 참기름, 들기름을 약간씩 넣으면 달콤한 간장소스가 완성된다. 감자찜이나 감자, 당근, 밤 등을 이용한 간장조림, 국물이 약간 있는 버섯야채볶음, 간장떡볶이, 간장깐풍기 등에 이용할 수 있다.

담백하고 시원한
두부버섯탕

두부버섯탕의 특징은 버섯을 납작하게 두드려 쫄깃함을 보다 부드럽고 담백하게 하여 소화를 쉽게 하고 국물이 시원하다는 점이다. 부드러우면서 담백한 맛은 속을 부담 없이 편안하게 만들어 준다.

:: **재료** 두부, 건표고버섯

:: **양념재료** 들기름, 콩기름, 채수, 집간장, 소금

:: **만들기**

1 두부는 적당한 크기로 썰어 콩기름에 노릇하게 굽는다.
   _ 크게 썰어 구운 뒤 작게 잘라도 된다.
2 건표고버섯은 불린 뒤 기둥을 자르고 물기를 꼭 짠 후 납작하게 두드린다.
3 준비한 표고버섯은 솥에 들기름을 두르고 채수를 부어 가며 달달 볶는다.
4 표고버섯을 충분히 볶은 후 두부를 넣고 채수를 부은 뒤 푹 끓인다.
   _ 집간장과 소금으로 간한다.
5 국물이 뽀얗게 되고 표고버섯이 흐느적거리면 불을 끈다.
   _ 기호에 따라 고사리, 후추 등을 넣기도 한다.

속이 편안한
떡버섯탕

::**재료** 떡볶이떡(가래떡, 떡국떡), 물표고버섯

::**양념재료** 채수, 집간장(소금)

::**만들기**
1 물표고버섯은 깨끗이 손질하여 적당한 굵기로 채친다.
2 채수에 채친 물표고버섯을 넣고 끓이다가 떡볶이떡을 넣는다.
  _ 바닥에 쉽게 눌어붙으므로 잘 저어 준다.
3 떡이 퍼지면 집간장(소금)으로 간을 한 후 접시에 담는다.

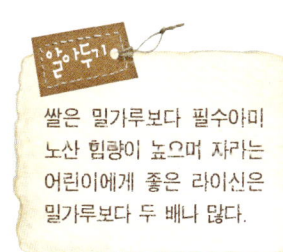

쌀은 밀가루보다 필수아미노산 함량이 높으며 자라는 어린이에게 좋은 라이신은 밀가루보다 두 배나 많다.

시원한 국물맛
유부주머니탕

:: **재료**   사각유부, 미나리, 무, 쑥갓

:: **양념재료**   채수, 소금, 식초, 집간장, 고추냉이간장소스

:: **만들기**

1 사각유부는 끓는 물에 데친 후 끝을 자르고 물기를 짠다.
2 미나리는 줄기를 데치고 쑥갓은 씻어 다듬는다.
3 무는 가늘게 채친 후 소금, 식초를 넣고 절여 놓는다.
4 절인 무를 물기를 꼭 짜고 유부 속에 넣은 후 미나리로 끝을 묶는다.
5 그릇에 유부와 채수를 넣고 한소끔 끓으면 집간장, 소금으로 간을 맞춘 후 쑥갓을 올린다.
6 고추냉이간장소스를 곁들인다.

잡채 · 별식류

   삼근은 불영사 인근 마을이다. 노보살님들이 직접 줍고 껍질을 까서 절구로 빻은 도토리가루로 묵도 쑤고 떡도 만들어 보았다. 독성이 없는 쌉싸래한 고유의 맛을 그대로 살렸다. 시장에서 간단히 묵만 구입하면 만들기까지 얼마의 공이 들어가는지 알기란 쉽지 않다. 그중에서도 묵은 유난히 손이 많이 가는 것 중의 하나이다. 일미칠근(一米七斤)이라 했던가!
   쌀 한 톨에 일곱 근의 농부의 땀이 들어가야 한다는 말이다. 쌀(米)에는 88번의 손길이 간다는 뜻도 담겨 있다. 존재하는 모든 것에는 이유가 있다고 하지 않던가! 소중히 생각하고 귀히, 그리고 감사히 생각하는 마음이 건강의 출발점이 될 것이다.

최고의 웰빙음식
손두부

질 좋은 국산 콩을 골라 마당 한쪽에 걸어 놓은 솥을 이용해 두부를 만든다. 오래 전, 어깨너머로 배워 둔 두부 만들기는 그리 쉽지가 않다. 불조절도 중요하고 특히 겨울에는 온도변화 등의 상태를 파악하여 식히는 등 여러 번의 경험으로 익힌 감각이 무엇보다 성공 여부를 가늠한다. 사시공양에 맞추려면 새벽부터 분주하게 움직여야 하고 행여 탈까 봐 세심하게 살펴야 한다. 세계가 주목하는 웰빙 음식 중 최고라 할 수 있는 두부의 식물성 단백질은 특히 비만과 아토피성 피부로 고생하는 아이들에게 좋다고 한다. 이 밖에도 두부를 이용한 음식은 셀 수 없을 정도로 다양한데 두부는 모든 연령층이 선호하는 식품 중의 하나이다.

∷ **재료** 콩 4되, 바닷물 4바가지, 물

∷ **만들기**

1 바닷물은 하루 정도 미리 떠 놓고 이물질을 가라앉힌 후 윗물만 따라 둔다.
2 콩은 하루 전에 미리 불려 두었다가 껍질째 간다.
3 솥에 물을 붓고 끓인다.
4 갈아 놓은 콩을 적당한 보에 담은 뒤 뜨거운 물을 부으며 콩물을 뺀다.
  _ 뒤의 묽은 콩물 한 바가지는 따로 받아 식혀 둔다.
5 솥에 콩물을 붓고 끓이다가 펄펄 끓어오르면 식혀 둔 연한 콩물을 한 바가지 붓는다.
6 다시 끓어오르면 불을 끄고 식힌다.
  _ 겨울에는 5분 정도, 여름에는 10분 정도로 식힌다.
7 식힌 콩물에 4바가지의 바닷물을 조금씩 붓고 저어 주는 것을 반복하며 5분 안에 마무리한다.
8 응고가 되어 몽글몽글힌 상태는 순두부가 되며 두부 판에 콩물을 걸러 응고시키면 두부가 된다.

종합영양 섭취
모듬잡채

잡채는 우리나라의 잔칫상에 빠지지 않는 대표적인 음식으로, 먼저 손이 가는 음식 중의 하나이다. 여러 가지 야채와 버섯이 어우러져 부족하기 쉬운 영양을 보충하기에도 좋다. 남은 잡채로는 김말이튀김을 하여도 그만이며 기호에 따라 오이, 양배추, 우엉, 청양고추 등의 야채를 사용한다.

:: **재료** 당면, 시금치, 유부, 건표고버섯, 애느타리버섯, 파프리카, 당근

:: **양념재료** 소금, 포도씨유, 조림간장, 후추, 참기름, 깨소금, 통깨

:: **만들기**
1 당면은 찬물에 미리 불려 둔다.
2 유부는 데친 후 조림간장에 재워 두고 야채는 채썰어 소금으로 밑간하며 각각 볶아 둔다.
3 불린 당면은 적당한 길이로 잘라 끓는 물에 투명해지도록 삶는다.
4 솥을 달군 후 삶은 당면에 조림간장, 후추, 참기름, 깨소금을 넣어 가며 버무린다.
5 약불에서 당면과 야채, 유부를 볶듯이 섞고 통깨를 뿌린다.

깔끔하고 매콤한 맛
고추잡채

풋고추에는 비타민C가 감귤의 9배, 사과의 18배가 들어 있어 피로를 푸는 데 좋다. 옛 풍습에 초복에는 1개, 중복에는 2개, 말복에는 3개의 고추를 먹고 지치기 쉬운 무더위에 기운을 북돋워 주었다고 한다.

:: **재료** 풋고추 30개, 당면 한 줌

:: **양념재료** 조림간장, 참기름, 후추, 깨소금, 통깨, 콩기름

:: **만들기**
1 당면은 물에 30분 정도 불린 후 3등분으로 자른다.
2 풋고추는 길고 얇게 채친 후 콩기름에 살짝 볶는다.
3 불린 당면은 끓는 물에 삶은 다음 팬에 콩기름을 두르고 볶는다.
4 3에 조림간장, 참기름, 후추를 넣고 볶은 풋고추를 섞는다.
5 간을 맞춘 다음 깨소금, 통깨를 뿌린다.

삼근리

도토리묵
도토리떡

삼근은 불영사 인근 마을이다. 노보살님들이 직접 줍고 껍질을 까서 절구로 빻은 도토리가루로 묵도 쑤고 떡도 만들어 보았다. 독성이 없는 쌉싸래한 고유의 맛을 그대로 살렸다. 시장에서 간단히 묵만 구입하면 만들기까지 얼마의 공이 들어가는지 알기란 쉽지 않다. 그중에서도 묵은 유난히 손이 많이 가는 것 중의 하나이다. 일미칠근(一米七斤)이라 했던가!
쌀 한 톨에 일곱 근의 농부의 땀이 들어가야 한다는 말이다. 쌀(米)에는 88번의 손길이 간다는 뜻도 담겨 있다. 존재하는 모든 것에는 이유가 있다고 하지 않던가! 소중히 생각하고 귀히, 그리고 감사히 생각하는 마음이 건강의 출발점이 될 것이다.

:: **재료** 도토리가루, 소금

:: **만들기**
1. 도토리가루를 물에 불린 후 끓인다.
2. 끓기 시작하면 불을 낮추고 끈기가 생길 때까지 뭉근히 저어 준다.
   _ 이때 소금간을 하고 밑이 타지 않도록 각별히 신경 쓴다.
3. 끈기가 충분히 생겨 기포가 발생하면 불을 낮추고 충분히(30분) 뜸을 들인다.
4. 불을 끄고 30분 후 넓고 평평한 그릇에 부어 식힌다.

알아두기
<응용하기!>
말린묵볶음, 묵탕, 묵밥, 묵떡, 묵구이, 묵부침개, 묵말이전 등

화합의 장
구절판

구절판의 또 다른 이름을 짓는다면 바로 '화합'이다. 8방에 나뉜 음식재료를 밀전병에 싸서 먹는데, 이는 서로 다른 뜻을 가진 사람들의 화합을 뜻하기도 한다.

∷ **재료** 밀전병(밀가루, 비트, 시금치)

∷ **야채재료** 당근, 깻잎, 무순, 느타리버섯, 건표고버섯, 목이버섯, 오이, 단무지, 집간장, 소금, 참기름, 올리브유

∷ **만들기**
1 비트, 시금치는 즙을 내어 반죽한 후 올리브유로 굽는다.
2 깻잎, 단무지는 채썰고 무순은 씻어 둔다.
3 당근, 오이, 느타리버섯, 목이버섯은 다듬어 올리브유에 볶는다.
4 표고버섯은 불려 채썬 후 집간장, 참기름으로 간하며 볶는다.
5 그릇에 밀전병과 재료를 담는다.

기분을 온화하게 하는
야채 양장피

양장피는 고구마전분으로 만든 넓고 얇은 판으로 주로 다양한 야채와 함께 볶아 사용한다. 부드러운 질감으로 신선한 야채와 어울려 기분을 온화하게 하고 새콤달콤한 겨자소스를 곁들여 입맛을 돋운다.

:: **재료** 양장피, 버섯(표고, 팽이, 송이),
야채(오이, 당근, 우엉, 파프리카, 죽순, 무순, 양상추)

:: **양념재료** 겨자소스, 조림간장, 생강즙, 참기름, 후추, 포도씨유, 소금

:: **만들기**
1 팽이버섯, 송이버섯, 단무지, 양상추, 파프리카는 채썰어 둔다.
2 당근, 오이, 표고버섯, 죽순, 우엉은 밑간을 하여 볶아 둔다.
3 겨자소스(p110 참고)에 간장, 생강즙, 참기름, 후추를 넣고 소스를 만든다.
4 끓는 물에 양장피를 넣고 투명해지면 찬물에 헹궈 채친다.
5 모든 재료와 양장피를 섞어 소스에 버무린다.

최고의 다이어트 식품
우무양념무침

우무는 포도당으로서의 기능이 없기 때문에 지방으로의 전환이 없다. 즉 영양은 별로 없으나 포만감이 있어 최고의 다이어트 식품에 속한다. 당뇨환자나 비만인 사람에게 권장할 만하다. 한여름, 시원한 콩물에 말아 먹으면 별미이다.

:: **재료** 한천(우뭇가사리)

:: **양념재료** 양념간장(콩물), 소금

:: **만들기**
1 한천을 물에 깨끗이 빨아서 솥에 3시간 정도 뭉근히 삶는다.
2 삶은 한천을 미지근하게 식힌 후 체에 받쳐 걸러 낸다.
3 걸러진 우무를 식히면 점점 굳어진다.
4 굳어진 우무를 체에 걸러 양념간장에 비비거나 콩물을 곁들인다.

겨자소스
모듬채 쌈말이

겨자소스의 톡 쏘는 맛과 깻잎 고유의 향이 잘 어우러지는 것이 특징이다. 견과류를 첨가하여 영양과 맛을 보충하였으며 계절에 따라 복숭아, 감 등의 과일을 첨가하여도 좋다. 겨자소스는 뻑뻑하게 만들어야 물이 안 생기며 기호에 따라 새콤달콤함을 조절한다.

:: **재료** 밤, 대추, 잣, 호두, 숙주, 깻잎, 피망, 무, 적파프리카, 당근

:: **양념재료** 겨자소스, 통깨, 밥풀, 소금, 설탕, 식초

:: **만들기**

1 숙주는 끝부분을 따고 끓는 물에 살짝 데친 후 찬물에 헹군다.
2 무는 적당한 크기로 얇게 썬 후 소금, 설탕, 식초에 절인다.
3 밤, 대추, 피망, 적파프리카, 당근은 채썬다.
4 채썬 야채와 잣, 호두, 통깨를 겨자소스(p110 참고)에 넣고 버무린다.
5 깻잎과 초절임 무에 소를 넣고 말이한다.
  _ 깻잎 끝이 풀리지 않도록 끝부분에 밥풀을 발라 붙여 준다.

부드러운 맛과 좋은 향
느타리깐풍기

느타리버섯은 비타민D의 모체인 에르고스테롤을 다량 함유하고 있어 고혈압·동맥경화를 예방하며 항암 치료에도 효과가 있다고 한다. 느타리버섯은 1900년 초에 인공재배가 성공하면서 맛이 부드럽고 향이 좋아 대중화되었으며 한방에서는 "오장에 기운을 조화시켜 식욕을 돋우며 대변이 불리한 것을 완화시킨다"고 한다.

:: **재료** 느타리버섯, 밀가루, 전분

:: **양념재료** 생수, 고춧가루, 소금, 생강, 후추, 집간장, 케첩(핫소스), 꿀(물엿), 월계수잎, 땅콩가루, 콩기름

:: **만들기**
1 느타리버섯은 씻지 않고 한나절 보를 깔고 방에 펼쳐 둔다.
2 밀가루는 소금을 약간 넣고 걸쭉하게 반죽한다.
3 느타리버섯은 전분 옷을 입혀 반죽을 묻혀 가며 두 번 바삭하게 튀겨 낸다.
  _ 느타리버섯은 미리 반죽에 담가 두지 않는다. 숨이 죽고 물이 나온다.
4 만들어 놓은 소스를 튀긴 느타리버섯과 섞고 땅콩가루를 뿌린다.
  _ 호두, 잣, 아몬드 등 견과류를 넣어 고소함과 영양을 더해도 좋다.

:: **소스만들기**
1 솥에 생수를 붓고 끓인 후 고춧가루를 넣고 나머지 양념재료를 섞는다.
2 간은 소금과 집간장으로 하고 월계수잎은 건져 낸다.
  _ 오래 졸이듯이 끓이면 점점 끈기가 생긴다.
3 매콤한 맛은 생강, 후추로, 새콤한 맛은 케첩(핫소스)으로 조절한다.
4 달콤함은 꿀(물엿)로 조절하고 향을 원하지 않을 때는 월계수잎은 생략한다.

여름에 먹는 깻잎만두

환경오염이 심하면 깻잎에는 반점이 생긴다고 한다. 식중독 예방 효과도 있는 깻잎은 풍부한 엽록소를 가지고 있어 상처를 치료하고 알레르기를 없애 주며 혈액을 맑히는 대표적인 알칼리성 식품 중의 하나이다.

::**재료** 깻잎, 당면, 두부, 건표고버섯, 당근

::**양념재료** 밀가루, 콩기름, 참기름, 소금, 후추, 집간장

::**만들기**

1 깻잎은 씻어 물기를 빼고 밀가루는 집간장과 소금으로 간하여 반죽한다.
2 당면은 삶아 다지고, 두부는 으깨어 소금으로 간한다.
3 불린 표고버섯과 당근은 다진 후 볶는다.
4 소의 재료를 합친 후 소금, 후추, 참기름으로 간한다.
5 깻잎은 밀가루 옷을 입힌 다음 소를 넣어 반으로 접고 반죽에 적신 후 팬에 부친다.

추운 겨울날의 별미
야채김치만두

:: **재료** 만두피, 김치, 두부, 건표고버섯, 호박, 양배추, 당근, 무, 숙주, 시금치

:: **양념재료** 집간장, 참기름, 깨소금, 소금, 후추, 콩기름

:: **만들기**

1 김치는 양념을 떨어 내거나 한 번 씻은 후 잘게 채썬다.
2 불린 표고버섯은 다진 후 집간장으로 간하여 볶는다.
3 두부는 으깨어 물기를 빼고 시금치는 씻어 잘게 썬다.
4 호박, 양배추, 당근, 무는 채썰어 다진 후 간을 하며 볶는다.
5 숙주는 살짝 데쳐 물기를 짜고 잘게 썬다.
  _ 매콤한 만두를 만들 때는 후추를 많이 넣기보다는 청량고추를 잘게 다져 섞는다.
6 소의 재료는 물기를 꼭 짜고 함께 섞어 참기름, 깨소금, 소금, 후추를 넣으며 간을 맞춘다.
7 소를 넣어 만두로 빚은 후 푹 찐다.

고소한 별미
수수 부꾸미

불영사에서는 안거 중 삭발 목욕날이면 신행단체 중 하나인 약사회에서 수수부꾸미 대중공양을 올리신다. 팥소를 주로 사용하지만 소를 생략하고 수수만 부치기도 하고 팥 대신 견과류나 다진 김치를 넣기도 한다.
수수는 탄수화물이 70% 이상으로, 항산화작용, 항암작용을 하며 성질이 따뜻하여 장 기능에 도움을 주고 골격을 튼튼하게 하여 성장에도 도움을 준다고 한다.

::**재료** 수수가루, 팥, 뜨거운 물

::**양념재료** 소금, 포도씨유, 조청(꿀)

::**만들기**

1 수수가루는 익반죽하여 소금간을 한다.
   _ 뜨거운 물을 조금씩 부어 가며 반죽한다.
2 팥은 한 번 끓인 물을 버리고 다시 푹 퍼지도록 삶는다.
3 삶은 팥은 으깨어 소를 만든다.
4 수수반죽을 동글납작하게 만들어 팬에 포도씨유를 두르고 부친다.
5 한쪽이 익으면 뒤집은 후 소를 올리고 반으로 접어 부친다.
6 조청이나 꿀을 곁들인다.

천연즙을 이용한
찹쌀부꾸미

비타민D가 풍부하게 함유되어 있는 찹쌀은 성질이 따뜻하고 부드럽다. 병을 앓고 난 후 찹쌀을 섭취하면 좋은데, 소화가 잘 되어 회복이 빠르도록 도와준다.

: : **재료** 찹쌀가루, 치자, 연잎, 적파프리카, 비트

: : **양념재료** 호두, 잣, 대추, 국화잎, 소금, 포도씨유, 꿀

: : **만들기**

1 치자, 연잎, 적파프리카, 비트는 진하게 즙을 낸다.
   _ 치자는 쪼개어 물에 담그고 나머지는 믹서에 갈아 즙을 짠다.
2 찹쌀가루에 소금을 넣고 각각의 즙을 넣어 반죽한다.
   _ 찹쌀은 익으면 물러지므로 조금 되직하게 반죽한다.
3 각각의 반죽으로 도톰하고 동글하게 완자를 만든다.
4 팬에 포도씨유를 두르고 반죽을 부친다.
   _ 자주 뒤집지 말고 한쪽이 익으면 뒤집어 누른 후 견과류 등을 올린다.
5 봉긋해지면서 물러지면 접시에 담아 꿀을 곁들인다.

전·튀김류

하지가 지나면 더위와 장마가 번갈아 가며 날씨 변화를 가져온다. 너무 덥거나 장마가 길어지면 밭에 심어 둔 상추나 시금치가 녹아 버리기도 하고 썩기도 한다. 그 중에서 덩굴 속에 동글동글 열린 호박은 그나마 짓궂은 날씨에도 풍성하게 열려 찜과 볶음, 찌개 등으로 열심히 식단에 오른다. 햇감자나 제철 호박은 유난히 맛이 달고 담백하다.

덩굴째 굴러온 늙은 호박전

호박은 오래 묵을수록 단맛을 내며 겨울철에 모자라는 비타민의 공급원이 된다. 호박의 당분은 소화흡수가 잘돼 위장이 약한 사람이나 회복기 환자에게 좋으며 "동짓날에 호박을 먹으면 중풍(中風)에 걸리지 않는다" 할 정도로 호박은 생활 속에 친근하게 자리 잡고 있다. 범벅, 엿, 죽, 떡, 전, 국, 샐러드, 찌개, 볶음, 찜, 효소, 조청 등에 활용할 수 있다.

:: **재료** 늙은 호박, 밀가루

:: **양념재료** 포도씨유, 소금

:: **만들기**
1 늙은 호박은 껍질을 벗기고 씨를 파낸 뒤 가늘게 채썬다.
2 밀가루를 넣어 반죽하며 소금으로 간한다.
3 팬에 포도씨유를 두르고 앞뒤를 노릇하게 부친다.

해독의 명약
녹두전

강원을 가거나 선원을 가면서 불영사를 떠나 있는 동안 생각나는 음식 중의 하나가 녹두전이다. 고소하고 담백한 맛을 내어 큰 행사 때면 빠지지 않는 메뉴로 정해진다. 반죽이 뻑뻑하거나 두꺼우면 부드러움이 사라지므로 얇게 부친다. 기름은 조금 넉넉히 붓고 부은 기름이 지글지글 끓도록 조절하며 부친다.

: : **재료** 거피한 녹두, 고사리, 도라지, 당근, 표고버섯, 숙주, 김치, 시금치

: : **양념재료** 콩기름, 집간장, 소금

: : **만들기**
1 거피한 녹두는 미리 불렸다가 갈아 놓는다.
2 고사리, 도라지, 당근은 콩기름에 볶는다.
3 표고버섯은 채썰어 집간장으로 밑간하여 볶는다.
4 숙주는 데친 후 소금으로 밑간하고 김치는 채썬다.
5 갈아 놓은 녹두가루에 갖은 야채를 섞은 다음 소금으로 간한다.
6 콩기름을 넉넉히 두르고 시금치를 섞어 가며 적당한 크기로 부친다.

동삼에 비유되는 무전

무의 조리법은 다양하다. 떡을 먹을 때는 동치미로, 탕에는 깍두기로, 메밀국수에는 무즙소스로, 냉면에는 무김치로 등장한다. 서리 맞은 무의 매운맛과 아삭하게 씹히는 맛은 항암제 역할을 하며 암세포를 억제시킨다. 천연소화제라 불릴 만큼 소화 촉진을 돕고 폐렴으로 피를 토할 때는 약재로 사용되기도 한다.

∷ **재료** 무, 밀가루(메밀가루)

∷ **양념재료** 소금, 포도씨유, 양념간장(초고추장)

∷ **만들기**

1 무는 껍질을 벗기고 적당한 크기로 자른다.
2 넓은 찜솥에 올려놓고 무가 무르도록 찐다.
　_ 채수에 생강, 집간장을 조금 넣고 삶아 내기도 한다.
3 밀가루(메밀가루)는 소금을 넣고 묽게 반죽한다.
4 찐 무를 반죽에 묻혀 부친다.
5 양념간장이나 초고추장을 곁들인다.

소박하게
맛있는

배추전

밀가루가 많으면 소화가 어렵고 배추의 맛이 덜할 수 있으므로 반죽을 훑으며 얇게 부친다.

:: **재료** 배추, 메밀가루(밀가루)

:: **양념재료** 소금, 포도씨유, 초고추장

:: **만들기**
1 배추는 깨끗이 씻어 물기를 빼고 굵은 것은 등을 두드린다.
2 메밀가루(밀가루)에 소금을 넣고 묽게 반죽한다.
3 다듬은 배추는 반죽을 묻혀 굽는다.
4 초고추장을 곁들인다.

야채와 어우러진
표고버섯전

::**재료** 생표고버섯, 밀가루

::**양념재료** 당근, 청·홍 고추, 고추장, 포도씨유

::**만들기**
1 표고버섯과 당근, 고추는 다진다.
2 1에 고추장, 밀가루를 넣어 반죽한다.
3 팬에 포도씨유를 두르고 적당한 크기로 부친다.

독특한 향과 맛!
어수리전

:: **재료** 어수리, 감자, 쌀가루

:: **양념재료** 소금, 콩기름, 초고추장

:: **만들기**
1 어수리는 깨끗이 씻어 물기를 뺀다.
2 감자는 강판에 간 후 쌀가루와 섞어 소금을 넣고 반죽한다.
3 팬에 콩기름을 두르고 어수리를 반죽에 묻혀 부친다.
4 초고추장을 곁들인다.

달고 담백한
애호박전

하지가 지나면 더위와 장마가 번갈아 가며 날씨 변화를 가져온다. 너무 덥거나 장마가 길어지면 밭에 심어 둔 상추나 시금치가 녹아 내리기도 하고 썩기도 한다. 그 중에서 덩굴 속에 동글동글 열린 호박은 그나마 짓궂은 날씨에도 풍성하게 열려 찜과 볶음, 찌개 등으로 열심히 식단에 오른다. 햇감자나 제철 호박은 유난히 맛이 달고 담백하다.

:: **재료** 애호박 1개, 감자 2개, 쌀가루, 청·홍 고추   :: **양념재료** 소금, 포도씨유

:: **만들기**
1 애호박은 채를 치고 감자는 강판에 갈아서 체에 받친다.
2 청·홍 고추는 다진다.
3 채친 호박과 갈아 둔 감자, 쌀가루 약간, 다진 청·홍 고추를 섞고 소금으로 간한다.
4 팬을 달군 후 포도씨유를 두르고 적당한 크기로 노릇하게 부친다.

감자전

:: **재료** 감자 4개, 청·홍 고추   :: **양념재료** 소금, 포도씨유

:: **만들기**
1 감자 2개는 채를 치고 2개는 강판에 갈아 체에 받친다.
2 청·홍 고추는 다진다.
3 채친 감자와 갈아 둔 감자, 다진 청·홍 고추를 섞고 소금으로 간한다.
4 팬을 달군 후 포도씨유를 두르고 적당한 크기로 노릇하게 부친다.

기분좋은 향긋함
미나리전

미나리는 향이 강한 알칼리성 식품으로 동의보감에 "갈증을 풀어주고 머리를 맑게 해 주며(독소를 해독하여 혈액을 정화) 술 마신 뒤에는 열독을 다스리며 대소장을 편안하게 해 준다"고 나와 있다. 최근에는 미나리의 중금속 해독 및 수질 정화 기능이 입증되면서 하수처리장이나 축산 폐수장의 수질 정화에 이용되고 있다.

겉절이나 나물을 만들어 먹거나 김치, 전, 생채, 튀김, 각종 탕이나 찜 등에 들어가며, 적당히 잘라 설탕에 재워 두었다가 진액을 만들어 물에 타서 복용하면 고혈압 환자에게 특히 좋다고 한다.

:: **재료** 미나리, 감자, 밀가루   :: **양념재료** 식초, 소금, 포도씨유, 초고추장

:: **만들기**

1 미나리는 다듬어 씻은 후 식초물에 30분 정도 담가 둔다.
2 감자는 강판에 갈아 약간의 밀가루를 넣고 소금으로 간한다.
3 팬에 포도씨유를 두르고 미나리와 반죽을 섞어 노릇하게 부친다.
 _ 미나리는 오래 익히면 질겨지므로 감자 반죽이 익으면 그릇에 담는다.
4 초고추장을 곁들인다.

배초향
방아장떡

방아잎은 전체에서 강한 향기를 풍기는 방향성 식물이다. 강건한 식물이므로 특별한 관리는 필요 없고 햇빛이 잘 드는 곳에 심어 관상하거나 전이나 장아찌, 된장국, 쌈으로 활용한다.

: : **재료** 방아

: : **양념재료** 밀가루, 당근, 표고버섯, 홍고추, 고추장, 된장, 포도씨유

: : **만들기**
1. 방아는 잎만 따서 씻은 후 듬성듬성 썰어 놓는다.
2. 당근, 표고버섯, 홍고추는 다져 놓는다.
3. 다진 야채를 섞고 밀가루, 고추장, 된장으로 버무린다.
4. 팬을 달군 후 포도씨유를 두르고 보기 좋게 부친다.
   _ 잘 타므로 불을 낮추어 주의해서 부친다.

고구마를 이용한
식빵롤튀김

고구마는 베타카로틴 성분이 암을 예방하고 노화를 방지한다고 한다. 1663년 김여휘 등이 유구(오키나와)에 표착해 껍질이 붉고 살이 희며 맛이 마와 같은 식품을 먹었다는 기록(조선왕조실록)이 있는데, 고구마가 우리나라에 처음 소개된 것은 그로부터 100년 뒤인 1760년쯤이라고 한다.
식빵 속 재료로는 감자나 야채, 과일 등을 다양하게 활용할 수 있다.

:: **재료** 식빵, 고구마   :: **양념재료** 청양고추, 당근, 콩기름

:: **만들기**

1 고구마는 삶아 으깨어 놓는다.
2 청양고추, 당근은 곱게 다진다.
3 으깬 고구마에 다진 청양고추와 당근을 섞는다.
4 식빵은 모서리를 잘라내고 살짝 찐 다음 홍두깨로 밀어 납작하게 만든다.
5 식빵 위에 으깬 고구마를 얹고 말아 놓는다. 이때 끝부분이 벌어질 수 있으므로 찐고구마로 살짝 붙인다.
6 콩기름에 튀긴 후 적당한 크기로 자른다.

땅 속의 사과
감자튀김

"찐 감자 하나와 우유 한 잔이면 신체가 요구하는 영양소를 충족한다"고 한다. 감자는 영양학적으로 완전식품이며 체내의 소금을 잡아내는 파수꾼으로 불린다. 감자 속에 들어 있는 비타민C는 가열해도 파괴되지 않으므로 '밭의 비타민'이라 불리며, 하루에 감자 두 알이면 비타민C 필요량을 채울 수 있어 유럽에서는 감자를 '땅 속의 사과'라고 부를 정도다.

∷ **재료** 감자   ∷ **양념재료** 소금, 파슬리가루, 콩기름

∷ **만들기**
1 감자는 껍질째 깨끗이 씻는다.
2 감자를 삼각모양으로 잘라 물에 잠시 담갔다가 물기를 제거하고 콩기름에 두 번 튀긴다.
3 튀긴 감자 위에 소금과 파슬리가루를 흩뿌려 준다.

바삭해서 맛있는
통고추튀김

:: **재료** 풋고추, 당근, 표고버섯, 당면, 두부

:: **양념재료** 밀가루, 빵가루, 소금, 후추, 콩기름

:: **만들기**

1 풋고추는 길게 갈라 씨를 빼고 밀가루는 소금으로 간하여 반죽한다.
   _ 고추꼭지는 그대로 두는 것이 좋다.
2 당면은 삶아 잘게 다지고 당근, 표고버섯, 두부는 다지고 으깨어 물기를 뺀다.
3 각각의 재료를 섞어 소금과 후추로 간을 맞추고 고추 속에 넣는다.
4 밀가루 옷을 입힌 후 빵가루에 묻혀 콩기름에 두 번 튀긴다.

바삭하고 고소한
숙주춘권튀김

춘권은 야채, 과일, 남은 나물 등 어느 소와도 잘 어울린다. 감자나 고구마나 연근 등을 삶아 으깨어 넣거나 과일(파인애플, 사과, 키위 등)을 이용하면 상큼하고, 남은 나물을 활용하면 담백한 것이 특징이다. 쌀로 만든 피로 밀가루보다 바삭하고 소화가 잘 되는 것이 특징이다.

::**재료** 춘권피, 숙주

::**양념재료** 카레가루, 콩기름

::**만들기**
1 숙주는 껍질을 떨어 내고 씻은 후 살짝 데친다.
2 데친 숙주는 찬물에 헹군 후 물기를 꼭 짜고 카레가루를 섞는다.
3 춘권피는 낱낱이 분리하여 먹기 좋도록 숙주 소를 넣고 감싼다.
4 팬에 콩기름을 붓고 두 번 튀겨 낸다.

장기능 개선의 왕

고구마 맛탕

고구마의 효능 중에서 가장 각광 받는 것은 장기능 개선과 피부미용 효과다. 혈액 순환을 원활하게 하며 세라핀이라는 성분은 장을 청소해 주는 기능이 있어 대장암을 효과적으로 예방하는 역할을 한다.

::**재료** 고구마

::**양념재료** 꿀(설탕), 콩기름, 올리브유(식용유)

::**만들기**
1 고구마는 껍질째 깨끗이 씻은 후 세모꼴로 썰어 헹군 다음 물기를 닦는다.
2 고구마를 뜨거운 콩기름에 두 번 튀겨 낸다.
3 꿀(설탕), 올리브유(식용유)를 넣고 끓여 소스를 만든다. 갈색이 되면 불을 끈다.
4 소스가 뜨거울 때 튀긴 고구마를 섞는다.

가을햇살 머금은 감자부각

감자부각 만드는 시기는 가을빛 따가운 10월이 적당하다. 세계에서 네 번째로 많이 생산된다는 구황작물, 감자! 남미가 원산지로 주로 온대지방에서 재배한다. 6~10월이 제철인 감자는 잎부터 뿌리(덩이줄기)까지 어디 하나 버릴 것이 없어 옛 어른스님들께서는 "감자중이 되어라"고 말씀하시곤 했다.

:: **재료** 감자

:: **양념재료** 소금, 콩기름

:: **만들기**

1. 너무 크지 않은 감자를 깎은 다음 최대한 얇게 썰어 하루 동안 물에 담가 전분을 뺀다.
2. 전분을 뺀 감자는 끓는 물에 소금을 넣고 데친 후 헹궈서 소쿠리에 건진다.
3. 거풍이 잘되고 빛이 드는 곳에 보자기를 깔고 낱낱이 펼쳐 놓는다.
4. 바싹 마르면 콩기름에 1~2초 동안 재빨리 튀겨 낸다.

염화미소
연잎부각

7~8월이면 불영지에는 백련이 활짝 피어난다. 연꽃은 보통 3일 정도 피어 있지만 길면 7일 동안 피고 움츠리기를 반복하며 도량을 연향으로 가득 메운다. 진흙에 물들지 않는 연꽃처럼 해탈의 삶을 살기 위한 마음가짐을 한번은 되새겨볼 일이다.

연은 어느 한 부위만이 아니라 뿌리에서 꽃, 잎, 열매, 줄기, 마디까지 모두 이용할 수 있으며 그중에서도 잎과 뿌리를 많이 이용한다. 특히 잎은 차로 우려내 오래도록 마시면 늙지 않고 흰머리가 검게 되며 마음을 맑게 하고 피를 맑게 해 준다고 한다.

:: **재료** 백련잎

:: **양념재료** 찹쌀, 밀가루, 소금, 콩기름

:: **만들기**

1 백련잎은 씻어 푸른빛이 선명해지도록 살짝 데치거나 찐다.
2 찹쌀은 되직하게 풀을 쑤어 식힌 다음 소금으로 간을 한다.
3 연잎 뒷면에 밀가루 옷을 입히고 찹쌀풀을 바른다.
4 찹쌀풀이 적당히 마르면 먹기 좋은 크기로 잘라 바싹 말린다.
  _ 바싹 말랐을 때 자르면 가루가 생기므로 그때는 분무기로 물을 뿌린 다음 자르는 것이 좋다.
5 너무 높지 않은 온도에서 재빨리 튀겨 낸다.

봄이 오는 길목에서
생강나무잎부각

불영사 경내에는 곳곳에 생강나무가 있어 깨끗하고 부드러운 잎을 골라 부각을 만들어 보았다. 쌈으로 이용하거나 장아찌, 김치를 담그기도 한다. 따뜻한 봄이 오면 새순을 따다 쌈밥을 만들거나 나물로 무치고 새순이 돋아나고 잎이 좀 더 자라면 깻잎과 같은 방법으로 장아찌나 김치를 담근다.

:: **재료** 생강나무잎   :: **양념재료** 찹쌀, 밀가루, 소금, 콩기름

:: **만들기**
1 생강나무잎은 씻은 다음 살짝 쪄서 물기를 말린다.
2 찹쌀은 씻어 불린 다음 되직하게 풀을 쑤어 조금 짭짤하게 소금간한다.
3 밀가루로 옷을 입히고 찹쌀풀을 바른 후 말린다.
4 콩기름에 튀겨 낸다.

청정바다식품
김부각

김은 콜레스테롤을 낮추어 성인병을 예방하고 비타민A가 풍부해 눈의 피로를 풀어준다. 피부노화를 방지하고 미네랄이 풍부해 골다공증을 예방하기도 한다.

∷ 재료 김   **∷ 양념재료** 찹쌀, 소금, 콩기름

∷ 만들기

1. 찹쌀과 물을 1 대 4로 넣고 풀을 진득하게 쑨다.
2. 김은 두껍고 구멍이 없는 것으로 선택한다.
   _ 얇은 김은 튀기면 부서지고 가루가 된다.
3. 찹쌀풀이 식기 전에 소금으로 간을 한다.
   _ 풀이 너무 되다 싶으면 물에 소금을 녹여 찹쌀풀에 붓는다.
4. 따뜻한 방에 비닐을 깔고 김 한 장 한 장에 찹쌀풀을 바른 다음 펼쳐 놓는다.
5. 30분 후쯤 뒤집어 주고 완전히 마르기 전에 적당한 길이로 잘라 말린다.
   _ 너무 바싹하게 말랐을 때는 분무기로 물을 뿌린 뒤 자른다.
6. 콩기름에 바싹하게 튀겨 낸다.

상벌전에서 바라본 부처바위의 모습을 고스란히 물영지에 담다.

불영사의 겨울

세상에서 가장 예쁜 꽃 피어나다

　불영사에 겨울이 왔다. 불영사계곡의 숲은 여전히 울창하나 비울 건 다 비워낸 모습이다. 번민도 갈등도 시기도 집착도 다 버린 모습이다. 그 사이로 눈이 내렸다. 다시 눈부시게 천지가 하얗다.
　불영사의 겨울은 시릴 만큼 차다. 하지만 이 차고 시린 곳에서도 어김없이 열기가 뿜어져 나오니, 다름 아닌 천축선원. 이곳 선방 수행자들의 구도 열기는 찬 기운에도 아랑곳없다. 더러 차갑고 시린 공기는 잠깐이라도 나태해지려는 우리들을 깨우는 죽비가 된다. 그 사이 또 눈이 내렸다. 그러자 세상에서 가장 예쁜 꽃이 피었다. 새하얀 눈꽃!

천혜의 비경秘境과 절경絶境을 담은 사찰

　새벽 3시, 은은하게 울려 퍼지는 도량석 소리에 이어 울리는 법고 소리와 염불 소리. 지심귀명례…. 그렇게 시작된 새벽 예불의 장엄하고 경건한 울림이 새벽을 가르며 불영사 경내로 스며들고 나면 스님들은 다시 혼자만의 기도에 들어가고 선방의 스님들은 입선에 드는데, 그 사이 공양 소임을 맡은 스님들은 후원에서 아침 준비에 한창이다. 밥을 짓고 야채를 다듬고 음식을 만들고…. 그렇게 시작되는 불영사의 하루.

　천혜의 비경(秘境)과 절경(絶境)을 담은 사찰. 거기다 옛 밥 냄새를 간직한 사찰. 현재의 불영사를 말함이다. 부처님이 계시던 곳과 같다는 천축산 품에 들어 굽이굽이 불영사계곡의 풍광과 함께하는 불영사는 싱그러운 봄, 청량한 여름, 맑고 서늘한 가을, 차고 시린 겨울의 색깔이 너무도 선명하여 축복받은 도량임이 분명하다. 이런 축복 받은 도량에서 현재도 불영사 스님들은 하루가 짧다 할 만치 제각각의 소임에 열심이다.

　시간이 멈춘 곳, 일 년 내내 결제 중이라고 해도 과언이 아닌 천축선원,
　몸과 마음의 건강을 지키는 동시에 불가의 지혜가 담겨 있는 사찰음식,
　한 해의 새로운 원(願)을 세우고 실천하기를 다짐하는 신년법회와 한 해를 마무리하는 송년법회,
　부처님 그림자 비친 불영지와 연못을 가득 메운 세상을 밝히는 연꽃,
　거기다 더없이 아름다운 봄 여름 가을 겨울의 풍광,
　이 모든 것이 현재의 불영사를 이루고 있음이다.

불영사에 겨울이 왔다.
눈부시게 천지가 하얗다.

여기가 어딘가 싶어 고개를 돌려 보면
울울창창 소나무 빽빽한 솔숲이다.
눈이 시리고 마음이 차분해진다.

밑반찬류

　　밑반찬은 제철에 나는 나물이나 열매 등을 소금이나 간장, 된장, 고추장 등으로 저장한 음식으로 오래 두고 먹을 수 있다는 최대의 장점이 있다. 흔히 밑반찬은 짜고 영양이 없다고 생각하기 쉬우나 곰곰 생각해 보면 꼭 그렇지만도 않다. 가끔 계절마다 싸고 질 좋은 재료가 한꺼번에 생기거나 그런 재료를 한꺼번에 많이 구입할 수 있는 기회가 생긴다. 그럴 때, 늘 새로운 반찬을 만들어 매끼 영양을 보충하고 입맛을 내기보다는 여러 가지 재료를 응용하여 밑반찬으로 활용하는 것도 지혜로운 생활의 하나일 것이다.

미네랄효소가 풍부한
우엉조림 ①②

우엉은 흙에서 바로 영양분을 섭취하기 때문에 미네랄효소가 풍부하며 장의 청소부 역할을 하는 식이섬유를 근채류 중에서 가장 많이 함유하고 있어 장을 자극해 노폐물을 배출시킨다. 우엉의 이눌린이라는 성분은 간을 해독하고 피를 맑게 하며 혈당을 조절하여 당뇨병 치료에 도움을 준다. 당뇨의 경우 우엉 30g을 채썰어 물과 함께 달여 하루 세 번 식후에 복용하면 효과가 있다고 한다.

[우엉조림 ①]

:: **재료** 우엉

:: **양념재료** 콩기름, 채수, 조림간장, 조청, 통깨

:: **만들기**

1 우엉은 껍질을 벗겨 채썰거나 어슷썰기한다.
   _ 물에 담그지 않는다.
2 팬을 달군 후 콩기름을 두르고 우엉을 볶다가 채수, 조림간장, 조청을 넣고 조린다.
3 우엉이 투명해지고 아삭하게 익으면 불을 끄고 통깨를 뿌린다.

[우엉조림 ②]

:: **재료** 우엉

:: **양념재료** 콩기름, 채수, 조림간장, 조청, 통깨

:: **만들기**

1 우엉은 어슷썰기하거나 채썰어 중불에서 한 번 튀겨낸다.
2 팬을 달군 후 채수, 조림간장, 조청을 넣어 양념장을 만든다.
3 2에 튀긴 우엉을 넣고 뒤적이다가 불을 끄고 통깨를 뿌린다.
   _ 튀긴 우엉은 맛이 고소하고 담백한 것이 특징이다.

요오드가 풍부한 김무침

칼륨 함량이 높고 부드러운 김, 다시마, 미역 등은 아이들의 성장을 돕는다. 특히 성장기에 요오드가 부족하면 갑상선이 부어오르고 지능 발달이 늦어지며 머리털이 빠지는 등의 현상이 일어나므로 요오드가 풍부한 김을 섭취하면 이러한 현상을 예방할 수 있다.

알아두기

생김으로 무치면 즉석에서는 솔깃하고 고소한 맛을 느낄 수 있으나 시간이 지날수록 색깔이 보랏빛으로 변하므로, 하루 이상을 두고 먹을 때에는 구운 김을 사용하는 것이 좋겠다. 호두나 잣 등 견과류를 넣으면 맛과 영양을 높일 수 있다.

:: **재료** 김   :: **양념재료** 조림간장, 통깨, 호두 외 견과류

:: **만들기**
1. 김을 팬에 구운 후 잘게 찢는다.
2. 김과 견과류를 조림간장을 부어 가며 살살 뒤적거려 준다.
3. 통깨를 뿌린다.

면역력을 키워주는
복숭아장아찌 ①②

복숭아가 나기 시작하자 호월리에 계신 분들이 제법 많은 양의 복숭아를 공양해 주셨다. 생과로 대중공양을 올리고 작고 단단한 복숭아는 간장과 소금, 설탕을 이용해 장아찌를 담갔다. 잘 저장해 두었다가 음식축제 때 내놓았더니 많은 사람들로부터 만드는 방법에 대해 관심 있는 질문을 받았다. 복숭아는 효소액, 주스, 샐러드로 활용할 뿐만 아니라 깍두기를 담그기도 한다.

[복숭아장아찌 ①]

:: **재료** 복숭아   :: **양념재료** 조림간장, 설탕, 소금, 식초

:: **만들기**
1. 복숭아는 아주 단단한 것을 골라 준비한다.
   _ 손톱으로 눌러도 단단하다는 느낌이 들어야 한다.
2. 먹기 좋은 크기로 잘라 설탕에 하루 저녁 재워 둔다.
3. 다음날 복숭아를 건져 보관할 그릇에 담아 놓는다.
4. 조림간장에 소금, 식초를 적당히 넣고 끓인 후 복숭아가 잠기도록 붓는다.
5. 시원한 곳에 저장하면 5~6개월이 지나도 아삭한 간장복숭아장아찌를 맛볼 수 있다.

[복숭아장아찌 ②]

:: **재료** 복숭아   :: **양념재료** 설탕, 고추장, 물엿, 통깨

:: **만들기**
1. 설탕에 하루 재워 둔 복숭아를 소쿠리에 건진다.
2. 고추장에 물엿, 통깨를 넣어 소스를 만든 다음 버무려 고추장복숭아장아찌를 만든다.
3. 차갑고 시원한 곳에 두면 복숭아의 달고 아삭한 맛을 장시간 보존할 수 있다.

변비 예방에 좋은
미역줄기 장아찌

겨울별미로 꼬들하면서 졸깃하게 조리하는 것이 특징이다. 부재료로 당근이나 들깨가루, 버섯가루를 넣어 약간의 변화를 주어도 그만이다. 미역줄기는 미역과 같이 섬유질이 풍부해 대장운동을 활발하게 하여 변비 예방에 좋으며 노폐물을 몸 밖으로 배출시키는 효능도 있다고 한다.

:: **재료** 말린 미역줄기

:: **양념재료** 채수, 조림간장, 고추장, 올리고당, 생강즙, 통깨, 참기름

:: **만들기**
1. 미역줄기는 찬물에 두 번 헹군 후 5분 정도 물에 담가 염분을 뺀다.
   _ 굵은 것은 손질하여 가늘게 찢는다.
2. 조림간장, 채수를 3 대 1로 섞어 미역줄기가 잠기도록 부어 3일 정도 둔다.
3. 고추장, 올리고당, 생강즙, 통깨, 참기름으로 양념장을 만든다.
4. 간장에 재운 미역줄기를 꼭 짠 후 양념장에 버무린다.

알칼리성 뿌리채소
야콘 장아찌

야콘이 알칼리성 뿌리채소로 알려지기 시작한 것은 오래되지 않았다. 근래 빠른 정보망으로 야콘의 가치가 인정되면서 그 수요도 점점 늘어가고 있다. 야콘에 함유된 인슐린은 당뇨 예방·치료 효과까지 있다고 하며 야콘 무게의 10%를 차지하는 프락토 올리고당은 단맛은 즐기되 체내 소화흡수율이 낮아 비만증을 예방한다고 한다. 응용법으로는 야콘적, 야콘샐러드, 야콘김치, 야콘찜 등이 있으며 근래에는 야콘즙을 만들기도 한다.

∷ **재료** 야콘

∷ **양념재료** 깨소금, 통깨, 조림간장

∷ **만들기**
1 야콘은 껍질을 벗긴 다음 끓인 조림간장에 일주일 정도 재워 둔다.
2 먹을 때 하나씩 꺼내어 적당한 크기로 썰어 깨소금, 통깨를 넣고 버무린다.

입맛을 돋우는
콩잎지
①②

[콩잎지 ①]

:: **재료** 노란 콩잎, 무명실

:: **양념재료** 사과, 집간장, 소금물, 된장, 조림간장, 김치양념

:: **만들기**
1 노란 콩잎은 30장 정도 겹겹이 포개어 무명실로 묶는다.
2 소금물에 집간장, 된장을 풀고 콩잎을 담가 일주일 이상 푹 삭힌다.
3 사과는 갈아서 즙을 내어 조림간장에 넣은 다음 끓인다.
4 단지에 콩잎을 담고 끓인 간장을 붓는다.
5 먹을 때 적당량을 꺼내어 한번 헹궈 물기를 뺀 후 낱낱이 김치양념을 바른다.

[콩잎지 ②]

:: **재료** 콩잎   :: **양념재료** 된장, 집간장

:: **만들기**
1 콩잎은 부드러운 잎으로 따서 씻어 물기를 뺀다.
2 된장에 집간장을 넣고 으깨어 부드럽게 만든다.
3 5~6장을 겹으로 하면서 켜켜이 된장을 바른다.
4 1년 정도 묵히면 삶거나 찐 콩잎처럼 부드러운 콩잎지가 만들어진다.

<응용하기!>
콩잎김치, 콩잎물김치

매운맛이 어우러진 새콤달콤
오이지

오이지 만들 때 고추를 가장 밑에 놓는 것은 매운맛이 무와 오이에 배어 맛을 내게 하기 위해서다. 새콤달콤한 오이지는 여름 반찬으로 어울리며 기호에 따라 설탕과 식초의 양을 조절한다. 셀러리, 청경채 등도 같은 방법으로 해서 다양한 밑반찬을 만들 수 있다.

:: **재료** 오이, 청양고추, 알타리무

:: **양념재료** 간장, 설탕, 식초

:: **만들기**
1 오이는 깨끗이 씻은 다음 반을 갈라 4등분으로 잘라 놓는다.
2 알타리무도 씻은 후 오이와 비슷한 크기로 자른다.
3 솥에 청양고추 → 알타리무 → 오이를 순서대로 켜켜이 올려 놓는다.
4 간장, 설탕, 식초를 1 대 1 대 1로 넣고 끓인 후 뜨거울 때 붓는다.
5 한 시간쯤 지나 간장물을 따라 내어 반복해서(3번) 끓여 붓는다.
6 매운맛과 새콤달콤하고 아삭한 맛이 어우러진 밑반찬이 완성된다.

222

위궤양에 특효
가죽장아찌 ①②

가죽은 추위와 더위에 잘 견디고 내연성이 강해 가로수로 심기도 한다. 뿌리의 껍질을 저근백피 또는 춘백피라 하고 한방에서는 이질과 대하증, 설사를 멎게 하는 지사제로 쓴다. 부드러운 잎은 쌈이나 생채, 부침, 자반으로 활용하며 찹쌀풀을 발라 튀각을 만들기도 하는데 한꺼번에 많이 섭취하면 오히려 위에 무리를 줄 수 있으므로 삼가는 것이 좋겠다. 줄기의 질긴 부분은 한 번 찐 후 말려서 채수나 김치찌개 등에 넣으면 담백한 맛을 낼 수 있다.

[고추장가죽장아찌]

:: **재료** 가죽

:: **양념재료** 고추장, 고춧가루, 채수, 조림간장, 소금, 생강즙, 조청

:: **만들기**

1 가죽은 깨끗이 씻어 물기를 뺀다.
   _ 가죽을 찜솥에 찌거나 데쳐 사용하기도 한다. 그러나 생으로 사용하면 물이 나오기는 하나 아삭하고 향긋한 가죽의 맛을 훨씬 생생하게 느낄 수 있다.
2 채수를 진하게 뽑아 식힌 뒤 고추장, 고춧가루, 조림간장, 소금, 생강즙, 조청을 넣고 양념장을 만든다.
3 가죽에 켜켜이 양념을 바른 후 시원한 곳에 보관, 저장한다.

[간장가죽장아찌]

:: **재료** 가죽

:: **양념재료** 조림간장, 물엿, 생강즙, 채수, 말린 홍고추

:: **만들기**

1 가죽은 깨끗이 씻어 물기를 뺀다.
2 채수에 조림간장, 물엿, 생강즙, 말린 홍고추를 넣고 진한 양념이 되도록 졸인다.
3 씻은 가죽을 그릇에 담고 조림간장을 붓는다.
4 가죽에서 간장을 따라 내고 다시 달여서 가죽에 붓는다(2번 반복).
5 가죽에서 수분이 빠지고 간이 배면 시원한 곳에 보관, 저장한다.

고추씨를 이용한
무짠지

고추간장이나 오이간장 등을 하고 남은 간장을 모아 두었다가 가을에 무짠지 외 밑반찬 만들 때 활용하도록 한다. 짠무는 먼 여행길이나 입맛을 잃었을 때, 삼복더위에 밥맛 없을 때 채썰어 냉국을 만들어 먹으면 자칫 잃기 쉬운 에너지원을 유지할 수 있다.

:: **재료** 무, 소금물, 말린 고추씨, 편생강

:: **양념재료** 고춧가루, 통깨, 참기름

:: **만들기**
1 무는 깨끗이 씻어 놓는다.
2 소금물을 끓여 식으면 편생강과 말린 고추씨를 보자기에 넣어 독에 넣는다.
3 통째로 무를 넣고 뜨지 않도록 대나무 등으로 눌러 놓는다.
4 보름 이후 무를 물에 헹군 후 원하는 크기로 썰어 고춧가루, 통깨, 참기름을 넣고 무친다.

졸깃하면서 부드러운
양송이간장

양송이간장을 만들 때 일반 시중에서 파는 진간장을 넣을 경우에는 색이 검게 변하는 것을 볼 수 있으며 시든 양송이는 특유의 냄새가 심하므로 끓는 물에 한 번 데쳐 사용한다. 양송이소금구이, 양송이와 야채 볶음, 찌개, 카레가루를 입힌 양송이튀김 등 다양한 요리법이 있다.

: : **재료** 양송이버섯

: : **양념새료** 조림간장, 채수, 편생강, 말린 홍고추

: : **만들기**
1 양송이버섯은 단단한 것을 골라 흐르는 물에 씻는다.
2 채수에 조림간장, 편생강, 말린 홍고추를 넣어 양념장을 만든다.
3 양송이에 양념장을 부은 후 졸이듯이 끓인다.
4 양송이에서 수분이 빠져나와 졸아들면 불을 끈다.

소화제로 좋은 능이지

가을에 채취되는 능이버섯은 매우 강한 향으로 '향이' 라고도 불린다. 떫은맛이 강하고 날것은 중독성이 있으므로 데쳐서 조리하거나 건조시켜 볶음, 밥, 국, 튀김으로 사용한다. 재배가 되지 않으므로 제철에 구입하여 장아찌로 만들어 두거나 말려서 국이나 차로 음용한다. 울진은 울창한 소나무 아래 자라는 송이의 고장이기도 하지만 첩첩산중 깊은 골골에는 능이도 풍성하다. 능이의 영양과 효능이 널리 알려지기 시작하면서 해마다 그 수요가 늘어나고 있다고 한다.

::**재료** 능이버섯

::**양념재료** 고추장(간장), 고춧가루, 꿀(물엿)

::**만들기**
1 능이버섯은 구입한 후 바로 적당한 크기로 찢어서 말린다.
2 다음 날 버섯을 깨끗이 씻어 찜솥에 찐 다음 꾸들하게 다시 말린다.
3 고추장이나 간장을 이용해 양념장을 만들어 버무린다.

비타민C가
풍부한
감장아찌

몇 년 전, 도반이 차를 타자 멀미가 심해 준비한 감잎차를 마시게 했다. 늘 멀미에 시달리던 도반은 신기하다는 듯이 멀미를 안 한다며 무슨 차냐고 물었다. 이처럼 비타민C가 풍부한 감은 숙취 해독과 멀미 예방에 효과가 뛰어나다. 뿐만 아니라 꾸준히 복용하면 감기를 예방하고 눈의 피로도 덜어 준다. 또한 감은 감식초, 감말랭이, 곶감, 반시, 감잎차, 야채와 섞어 만든 즙, 샐러드소스 등으로 활용하여 훌륭한 건강식을 만들 수 있다.

::**재료** 단단한 감, 밤

::**양념재료** 고춧가루, 고추장, 생강즙, 깨소금, 통깨, 꿀(물엿), 조림간장

::**만들기**

1 단단한 감을 골라 껍질을 깎은 다음 통째로 밤과 같이 7일 정도 조림간장에 담가 둔다.
  _ 사용하고 보아 둔 간장이나 조림간장에 담가 둔다.
2 간장에서 건진 감과 밤은 적당한 크기로 자른다.
3 고추장과 고춧가루, 꿀(물엿), 생강즙, 깨소금을 넣어 양념장을 만든다.
4 썰어 놓은 감과 밤을 양념장에 버무린 후 통깨를 뿌린다.

항암작용이 뛰어난
곰취장아찌

> 곰취잎은 부드럽고 크기가 작은 잎을 사용하는 것이 좋다.
> *알아두기*

:: **재료** 곰취잎

:: **양념재료** 채수, 조림간장, 고춧가루, 꿀(물엿), 생강즙

:: **만들기**
1 곰취잎은 깨끗이 씻은 후 차례대로 간추려 물기를 뺀다.
2 채수에 조림간장, 꿀(물엿), 생강즙을 넣어 졸이면서 끓인다.
3 식으면 고춧가루를 넣고 켜켜이 곰취잎에 끼얹는다.
4 하루 뒤 간장만 분리하여 졸인 뒤 곰취잎에 부어 시원한 곳에 냉장 보관한다.

향을 즐기자
방아잎장아찌

사찰음식 행사를 앞두고 대구에서 열리고 있던 음식박람회를 다녀오게 되었다. 분야별로 다양한 음식을 관람하고 재료 준비와 전시 등을 세심하게 살펴보는 중에 유독 발길이 오래 머무는 곳이 있었다. 바로 장아찌만을 전시한 곳이었다. 일상에서 쉽게 만나는 청경채, 산야초 등 각종 장아찌를 볼 수 있었다. 돌아오는 길에 도량에서 군락을 이루고 있는 방아를 떠올렸다. 장떡이나 된장찌개에만 주로 사용해 왔는데…. 방아는 고소만큼이나 향이 강하고 독특하니 강한 양념보다는 깔끔하게 맛을 내는 것이 중요하다.

:: **재료** 방아 :: **양념재료** 조림간장, 식초

:: **만들기**
1 방아는 줄기째로 잘 다듬은 후 씻어 물기를 뺀다.
2 조림간장에 식초를 조금 넣고 씻어 놓은 방아가 절반 정도 잠기도록 붓는다.
3 한나절 정도 지난 후 아래와 위를 바꿔 주고 무거운 것(돌멩이)으로 눌러 준다.
4 2일 정도 지나 간장을 따라 내어 푹 졸인 후 식혀 다시 붓는다.

몸 안을 소독해 주는
매실장아찌 ①②

[고추장매실장아찌]

:: **재료** 매실   :: **양념재료** 설탕, 고추장, 통깨, 물엿

:: **만들기**

1 매실은 4등분하여 씨를 분리한 뒤 설탕과 1 대 1 비율로 재워 둔다.
2 일주일 정도 재워 두되 틈틈이 가라앉은 설탕을 저어 준다.
3 매실과 매실액을 분리한다.
4 매실에 고추장과 물엿, 통깨를 넣어 섞어 준다.
_ 매실액은 매실효소액 만드는 데 붓거나 초고추장 등 음식 만드는 데 사용한다.

[소금매실장아찌]

:: **재료** 매실   :: **양념재료** 소금, 통깨, 참기름

:: **만들기**

1 매실은 4등분하여 씨를 분리한 뒤 소금에 절여 놓는다.
2 일주일 정도 절여 두되 틈틈이 소금이 잘 녹도록 저어 준다.
3 매실과 매실액을 분리하여 통에 담아 둔다.
4 먹을 만큼 꺼낸 후 참기름, 통깨 등 양념을 하여 그릇에 담는다.
_ 단것을 즐기지 않을 때 만드는 방법으로 좋다.

톡 쏘는 향
제피잎 장아찌

새순이 돋아나면 도량 곳곳에 흩잎부터 시작하여 민들레, 냉이, 쑥, 고사리, 제피 등이 잎을 돋운다. 불영사 경내 부도탑 주변과 김치광 옆은 제피나무가 군락을 이루고 있다. 아직은 아침바람이 차가운지라 사시 공양을 마치고 간단히 따끈한 차와 담을 봉지를 준비하여 가벼운 걸음으로 포행을 나간다. 새순이라 잎은 어리지만 사이사이 날카롭게 가시가 있어 조심해야 한다. 가을까지 꽃이 피고 열매도 맺고 다시 새순이 돋아나며 옅은 연둣빛이 진한 초록색으로 변하여 간다. 이렇게 딴 제피잎은 겉절이에 넣기도 하고 장떡, 양념간장, 장아찌를 만든다.

∷ **재료** 제피잎

∷ **양념재료** 집간장, 조림간장, 고춧가루, 통깨, 깨소금

∷ **만들기**
1. 제피잎은 깨끗이 씻어 건져 놓는다.
2. 집간장과 조림간장을 넣고 한 번 끓여 양념장을 만든다.
3. 끓여서 식힌 양념장에 고춧가루, 깨소금, 통깨를 섞는다.
4. 제피잎에 양념장을 부어 섞어 하룻밤을 재운다.
   _ 장아찌 양이 많아 장기간 보관을 필요로 할 때는 냉장 보관하면 맛과 색이 변하므로 냉동실(얼지 않는다)에 보관하였다가 필요한 만큼 꺼내어 먹는다.

해풍을 머금은 향
방풍잎장아찌

나물을 삶거나 쪄서 장아찌를 만들면 부드럽기는 하나 아삭한 맛이 줄고 물러지기도 하므로 번거롭더라도 양념장을 달여 지를 만들면 맛과 향이 잘 보존된다.

:: **재료** 방풍잎

:: **양념재료** 조림간장, 집간장, 채수, 편생강, 말린 홍고추

:: **만들기**
1 방풍잎은 씻어 헹군 후 소쿠리에 건져 둔다.
2 채수에 조림간장, 집간장 약간, 편생강, 말린 홍고추를 넣어 달인다.
3 양념장이 1/3로 줄면 불을 끄고 미지근하게 식힌 후 방풍잎에 붓는다.
4 1시간 정도 지난 후 잎의 물이 우러나면 다시 이와 같은 방법으로 두 번 반복한다.

부드럽고 깊은 맛
찜된장 ①②

된장을 찌면 맛이 부드럽고 깊은 맛이 어우러져 더운 여름 입맛을 잃었을 때 더없이 좋은 찬이 된다. 또한 호박잎의 쌈된장이 되기도 하고 상추, 열무와 함께 비벼 먹기도 좋다. 전기밥솥이나 가마솥에 밥을 할 때 그릇에 양념된장을 넣고 수증기로 찜을 한다. 그러면 밥물도 약간 들어가면서 더욱 부드러운 맛의 찜된장이 된다.

[찜된장 ①]

∷ **재료** 된장   ∷ **양념재료** 채수, 건표고버섯, 풋고추

∷ **만들기**

1 뚝배기에 채수를 절반이 안 되게 붓는다.
2 채수에 건표고버섯을 뚝뚝 잘라 넣고 풋고추는 적당한 크기로 잘라 넣는다.
3 된장을 짭짤한 느낌이 들 정도로 건더기와 함께 넣는다.
 _ 이때 표고버섯가루가 있으면 약간 넣어 준다.
4 전기밥솥에 물을 붓고 20분 정도 끓이고 보온으로 옮긴다.

된장찌개보다는 되직하고 쌈장이나 그냥 된장보다는 묽고 부드럽다. 호박잎 쌈이나 어린 열무 비빔밥 외 어떤 야채 비빔밥과도 잘 어울리는 양념이다.

[찜된장 ②]

∷ **재료** 된장   ∷ **양념재료** 채수, 버섯가루, 풋고추, 통깨

∷ **만들기**

1 채수를 평소보다 진하게 졸이고 풋고추는 다진다.
2 된장에 채수를 넣고 치대듯이 섞어서 부드럽고 무르게 만든다.
3 찜솥이나 밥솥에 물을 끓이며 30분 정도 중탕한다.
4 중탕한 된장에 버섯가루, 다진 고추와 통깨를 넣는다.

쌈이나 풋고추의 양념, 나물 무침, 장아찌 등을 만들 때 잘 어울리는 양념이다.

개간밭에서 수확한 콩
콩장조림 ①②

처음 콩장을 만들어 보겠다고 했을 때, 그저 불려 익혀서 조리면 되는 줄 알았던 콩조림. 저녁에 한 되를 담가 놓고 들어갔다가 몇 배로 통통 불어 있는 콩을 보고 놀랐던 적이 있다. 음식은 경험이다. 만들고 싶은 대로, 먹고 싶은 대로 하기란 그리 쉽지 않다. 재료의 특징이나 영양을 미리 아는 것도 좋겠지만 반복하다 보면 거기서 터득되고 얻어지는 것이 있다. 본초강목에 쥐눈이콩은 "복창을 내리고 위열을 없애며 마비증을 다스리고… 혈액을 활발히 하여 독을 풀어준다"고 한다.

[**콩장조림 ①**]

::**재료** 쥐눈이콩   ::**양념재료** 조림간장, 통깨

::**만들기**
1 쥐눈이콩은 붇기 전에 바로 씻어 건진다.
2 물을 끓인 후 씻은 콩을 넣고 끓이다가 물을 적당히 따라 낸다.
3 콩에 조림간장을 넣고 콩이 충분히 익도록 졸인다.
4 불을 끄고 통깨를 뿌린다._ 부드럽고 깔끔한 맛을 낸다.

[**콩장조림 ②**]

::**재료** 노란콩   ::**양념재료** 조림간장, 집간장

::**만들기**
1 노란콩을 깨끗이 씻어 5분 정도 물에 불린다.
2 콩물은 따라 내고 콩이 익도록 볶듯이 익힌다.
3 콩물에 집간장, 조림간장을 넣고 끓이며 농도를 맞춘다.
4 양념장이 끓으면 불을 끈 후 콩에 붓는다.
_ 볶은 콩을 양념한 것이므로 고소한 맛이 일품이다.

두부간장

365일 상에 오르는

불영사에서는 365일 죽으로 가벼운 아침공양을 한다. 반찬도 주로 야채볶음이나 나물무침 한 가지, 콩장조림과 김, 그리고 늘 오래전부터 내려오는 두부간장을 곁들이다. 특히 두부간장을 얹은 흰죽은 손에 꼽히는 최고 음식 중의 하나이다.

:: **재료** 두부   :: **양념재료** 집간장, 물, 콩기름

:: **만들기**
1 두부 1모를 8등분으로 잘라 콩기름을 두르고 노릇하게 굽는다.
2 구운 두부는 뜨거운 간장을 부을 수 있는 옹기 등에 켜켜이 담는다.
3 집간장과 물을 3 대 1 비율로 섞어 끓인 다음 두부 위에 바로 붓는다.
4 하루 이상 간을 배게 한 다음 접시에 담는다.
5 두부의 담백함과 간장의 깊은 맛이 어우러진 두부간장이 완성된다.

여름에는 더운 날씨로 간을 조금 세게 하고 겨울에는 싱겁게 한다.

위장에 좋은
산초간장

산초는 추석 전후로 열매를 얻을 수 있으며 제피와 생김이 비슷하나 줄기와 잎의 특징으로 구별할 수 있다. 산초는 위를 건강하게 하고 장을 정화시키는 효능이 있으며 식욕을 증진시킬 뿐 아니라 산초 2g, 말린 생강 5g, 당근 3g, 물엿 2g을 섞어 달여 마시면 쇠약 체력을 개선하고 위장 허약과 냉증, 복통 등의 증상에도 효과가 있다고 한다. 아침에 죽이나 누룽지에 곁들이거나 입맛이 떨어졌을 때 밥에 비벼 먹기도 한다.

∷ **재료** 산초열매

∷ **양념재료** 집간장, 물, 생강

∷ **만들기**

1 산초는 열매를 분리하여 데친 후 이틀 정도 우려낸다.
   _ 산초열매를 딴 후 그냥 두면 떠 버리므로 바로 데쳐 놓는 것이 무엇보다 중요하다.
2 우려낸 산초열매는 한 번 헹궈서 건진다.
3 집간장과 물을 3 대 1로 하여 생강을 넣고 끓인 후 산초열매에 붓는다.
   _ 조림간장에 생강을 넣고 달여서 부어도 된다.

김치류

　우리나라 김치의 종류는 갓김치, 고들빼기김치, 동치미, 콩잎김치, 깻잎김치, 동지김치, 총각김치, 깍두기, 더덕김치, 가지김치, 보쌈김치, 배추김치, 나박김치, 열무김치, 오이김치 등 200가지가 넘는다고 한다. 김치라는 말은, '채소를 소금물에 담근다'는 의미의 '침채'가 '팀채', '림채'로 발음되다가 '짐치'가 되면서 오늘날의 '김치'가 된 것으로 추정된다고 한다.

순박하고 부드러운
박김치
박물김치

[박김치]

::**재료** 어린 박

::**양념재료** 김치양념, 소금, 통깨

::**만들기**

1 박은 껍질을 벗기고 속을 파낸 후 납작하게 썬다.
2 썰어 놓은 박은 소금에 30분 정도 절인 후 씻어 소쿠리에 받친다.
3 김치양념에 버무리고 통깨를 뿌린 뒤 그릇에 담는다.
 _ 박이 나는 여름, 홍고추를 믹서에 갈아 김치양념을 만든다.

[박물김치]

::**재료** 어린 박

::**양념재료** 보리쌀, 배, 생강, 청·홍 고추, 소금

::**만들기**

1 박은 껍질을 벗기고 속을 파낸 후 납작하게 썬다.
2 썰어 놓은 박은 소금에 30분 정도 절인 후 씻어 소쿠리에 받친다.
3 보리쌀을 삶아 믹서에 간 후 자루에 거른다.
4 배는 강판에 갈아 다진 생강을 넣고 자루에 거르고, 청·홍 고추는 어슷썰기한다.
5 보리쌀풀과 배즙, 생강즙을 섞고 소금으로 간하여 김치국물을 만든다.
6 절인 박과 청·홍 고추를 넣고 김치국물을 부은 뒤 하루 정도 삭힌다.

241

시원한 보리쌀풀로 만든
콩잎물김치

콩은 식물성 단백질로 여러 가지 효능이 입증되어 왔다. 근래에는 콩잎도 콩과 같이 동맥경화를 예방하고 당뇨, 골다공증 등 성인병 예방에 도움을 준다고 한다. 자라는 콩잎을 따도 콩을 수확하는 데 큰 차이가 없어 콩잎차, 콩잎물김치, 콩잎김치, 콩잎장아찌, 콩잎쌈 등으로 다양한 조리법이 연구되고 있다.

:: **재료** 콩잎

:: **양념재료** 보리쌀, 생강즙(편생강), 소금, 청·홍 고추, 된장, 생수

:: **만들기**

1 콩잎은 씻어 물기를 뺀다.
2 보리쌀은 물을 10배 정도 넣고 푹 퍼지도록 삶은 후 식힌다.
3 소금은 뜨거운 물에 녹이고 청·홍 고추는 어슷썰기한다.
4 삶은 보리쌀과 된장(2스푼 정도)을 믹서에 넣고 간 다음 자루에 넣어 거른다.
5 걸러 놓은 보리쌀풀과 생강즙(편생강), 소금물을 섞어 김치물을 만든다.
6 씻은 콩잎에 청·홍 고추를 넣고 김치물을 부어 하루 정도 삭힌 후 먹는다.

천연소화제
겨울동치미

입맛이 없다고 굶기도 그렇고…. 동치미가 익으면 국수를 말아 먹어도 맛있고 막 찐 고구마와 먹어도 맛있다. 해가 바뀌고 봄이 오면서 동치미무가 물러지면 된장, 고추장, 간장을 이용하여 장아찌를 담근다.

: : **재료** 무

: : **양념재료** 소금, 생수, 청각, 생강, 풋고추

: : **만들기**
1 작고 흠이 없는 무를 깨끗이 씻는다.
2 소금에 굴린 무를 독에 저장한다.
3 3일 후 소금물을 붓는다.
4 청각, 생강, 풋고추를 넣는다.

보리밥과
비빔국수에
어울리는
열무김치

:: **재료** 열무, 단배추, 청·홍 고추

:: **양념재료** 찹쌀풀, 고춧가루, 생강즙, 배즙, 소금

:: **만들기**

1 열무와 단배추는 적당한 크기로 다듬어 두세 번 씻는다.
  _ 열무 2단에 단배추 1단 정도 섞으면 보다 시원하고 부드럽다.
2 켜켜이 소금을 뿌리고 1시간 정도 절인다.
3 두 번 정도 헹군 후 소쿠리에 건져 물기를 뺀다.
  _ 부드러운 열무는 멍들면 풋내가 나므로 살살 잘 씻도록 한다.
4 청고추는 어슷썰기하고 홍고추는 믹서에 갈아 놓는다.
5 찹쌀풀에 갈아 놓은 홍고추, 고춧가루, 생강즙, 배즙, 소금을 넣어 양념장을 만든다.
6 씻어 놓은 열무와 양념장을 버무린 후 하루 정도 삭혔다가 먹는다.

시원하고 상큼한 열무 물김치

:: **재료** 열무, 단배추, 청·홍 고추

:: **양념재료** 보리쌀, 감자, 배즙, 생강즙, 소금

:: **만들기**

1 열무와 단배추는 적당한 크기로 다듬어 두세 번 씻는다.
   _ 열무 2단에 단배추 1단 정도 섞으면 보다 시원하고 부드럽다.
2 켜켜이 소금을 뿌리고 1시간 정도 절인다.
3 두 번 정도 헹군 후 소쿠리에 건져 물기를 뺀다.
4 청·홍 고추는 어슷썰기한다.
5 김치국물을 만든다.
   _ 보리쌀과 감자에 물을 넉넉히 붓고 삶아 믹서에 간 뒤 거름망에 거른다.
   _ 생강즙, 배즙, 소금을 넣고 간을 맞춘다.
6 통에 열무와 청·홍 고추를 담고 김치국물을 부은 후 하루 정도 삭혔다가 먹는다.

머리를 맑게 하는
상추김치

김치, 국물, 쌈의 문화가 발달한 우리나라에서 쌈의 대표를 말하자면 단연 상추가 될 것이다. 싱싱하며 아삭아삭한 맛이 일품인 상추는 머리를 맑게 하고 신경을 안정시켜 주기도 한다.
일반적으로 상추는 쌈이나 겉절이로 많이 이용되지만 별미로 상추전이나 상추김치로 활용되기도 한다. 상추김치는 부드럽고 상큼한 것이 특징이나 오래 두면 변색되고 물러지므로 참고한다. 본초강목에는 가슴에 뭉친 화를 풀어 주고 경락을 뚫어 준다고 한다.

::**재료** 상추

::**양념재료** 보리쌀, 홍고추, 소금, 오이, 생강즙

::**만들기**
1 상추는 대공째로 씻어 물기를 뺀다.
2 오이는 소금에 살짝 절인 후 한 번 헹군다.
3 보리쌀은 물을 넉넉히 붓고 삶아 믹서에 갈아 거른다.
4 홍고추를 곱게 갈아 보리쌀풀, 생강즙과 섞어 김치국물을 만든다.
5 상추와 오이를 넣고 김치국물을 붓는다.
_ 한나절이 지나면 바로 상에 올린다.

깔끔하고 향긋한
송이오이 소박이

날씨가 쌀쌀해져도 때에 따라 시원한 물김치가 찾아진다.
언제 먹어도 상큼한 오이, 송이의 계절에 맞춰 아삭한 맛과 향을 살려
송이오이소박이를 담가 보았다.

:: **재료** 오이, 깻잎, 수삼, 무, 송이버섯, 파프리카, 미나리

:: **양념재료** 김치국물(쌀가루, 생수, 배즙, 생강즙, 소금)

:: **만들기**

1 오이는 4등분하여 한쪽에 홈을 내고 절인 후 속을 판다.
2 모든 재료는 길게 채썰고 깻잎은 씻어 놓는다.
　_ 오이 속의 야채는 제철에 나는 과일과 야채를 사용한다.
3 깻잎을 펴고 준비한 야채를 얹은 후 김밥처럼 말아 오이 속에 넣는다.
4 쌀가루로 풀을 쑨 후 자루에 거르고 생수에 배즙, 생강즙, 소금을 넣어 간을 맞추어 김치국물을 만든다.
5 오이를 담고 김치국물을 붓는다.

아삭아삭 깍두기

본초강목에는 무는 소화가 잘되며 가래를 삭혀 주고 당뇨와 이질을 치료하며 기침에 무 삶은 물을 마시면 효과적이고, 목 아플 때 무 조청을 먹으면 약효가 있다고 한다.

:: **재료** 무

:: **양념재료** 김치양념, 소금

:: **만들기**

1 무는 깨끗이 씻은 후 적당한 크기로 네모썰기하여 1시간 정도 소금에 절인다.
2 소금에 절인 무는 한 번 헹군 다음 물기를 빼고 김치양념을 넣어 섞는다.
   _ 김치양념은 빽빽하기보다는 조금 묽어야 시원한 김치국물을 맛볼 수 있다.
   _ 양념을 만들 때 채수를 조금 넉넉히 하거나 홍고추를 갈아 넣는다.
3 상온에 두었다가 다음 날 김치냉장고에 보관한다.

이름도 재미있는
고들빼기김치

:: **재료** 고들빼기

:: **양념재료** 쌀뜨물(소금물), 김치양념, 도라지

:: **만들기**
1. 고들빼기는 뿌리와 잎 사이 부분을 잘 손질한다.
2. 받아 둔 쌀뜨물(소금물)에 2~3일 정도 담가 삭혀 쓴맛을 우려낸다.
3. 도라지는 손질하여 가늘게 찢는다.
4. 삭힌 고들빼기는 씻어 물기를 빼고 도라지와 같이 김치양념에 버무린다.
   _ 바로 먹어도 되지만 삭힐수록 깊은 맛이 있다.

만인이 공감하는
배추김치

김치를 맛있게 먹으려면…. 김치가 너무 시어지지 않도록 보관하는 것이 중요하다. 가장 적당한 보관온도는 0~5도 정도이며, 0도 이하에서 김치를 보관하면 얼어서 김치의 맛이 떨어진다. 고추의 캡사이신은 젖산균의 발육을 도와 음식을 발효시키는데 배추, 무에 고춧가루를 넣어 세계적인 음식이 되어 가는 김치가 대표적인 예이다.

∷ **재료** 배추

∷ **양념재료** 김치양념, 소금

∷ **만들기**
1 배추는 뿌리를 다듬어 반으로 갈라 소금에 절인다.
2 절인 배추가 숨이 죽으면 깨끗이 헹군 후 물기를 짠다.
3 켜켜이 김치양념을 바르고 통에 담는다.

차·다식류

절에서는 스님들이 외출할 때면 살짝 적신 누룽지로 식사를 대신하기도 하고 자른 다시마로 멀미를 예방하기도 한다. 김자반은 약간 짭짤하면서 고소한 맛이 병행되어 차를 마시거나 죽을 먹을 때 곁들인다. 먼 여행길에 함께하면 더없이 좋은 간식이 된다.

칼칼한 목에
모과차

모과는 수분이 부족하므로 그냥 배, 생강, 꿀(설탕)을 넣으면 진액이 거의 없다. 대신 즙을 넣으면 따로 생수를 넣지 않아도 진액이 충분하다.

::**재료** 모과, 배, 생강, 꿀(설탕)

::**만들기**
1 모과는 껍질째 깨끗이 씻어 얇게 썬다.
2 배와 생강은 갈아서 즙을 낸다.
3 배즙과 생강즙에 꿀(설탕)을 섞는다.
4 옹기에 모과와 즙을 켜켜이 담은 후 봉해 놓는다.

몸을 따뜻하게 하는 쑥진액

쑥은 몸을 따뜻하게 하는 대표적인 음식 중의 하나이다. 그래서 쑥국이나 떡 외에 차로도 이용되고 뜸에도 널리 사용되고 있다. 구하기도 어렵지 않으니 마음을 내어 쑥진액을 만들어 손쉽게 복용하면 좋을 듯하다.

:: **재료** 쑥, 설탕, 생수

:: **만들기**
1 오월 단오 무렵 쑥을 줄기째 잘라 씻어 건진다.
2 옹기에 켜켜이 쑥과 설탕을 넣고 생수를 절반쯤 부은 뒤 봉해 놓는다.
3 100일쯤을 전후하여 걸러 낸 후 냉장 보관한다.
4 생수나 따뜻한 물로 희석하여 수시로 복용한다.

간식과 함께하는 천연잼
쌀조청

::**재료** 밥, 엿기름(엿질금)

::**만들기**

1 엿기름(엿질금)은 씻어 소쿠리에 받쳐 둔다.
2 밥통에 밥과 엿기름을 1 대 1로 넣고 잠길 정도의 물을 붓고 끓인다.
3 끓으면 3시간 정도 보온 상태로 뜸을 들인 후 자루에 넣어 즙을 짠다.
4 즙을 솥에 붓고 뭉근히 졸이면서 저어 준다.
5 진득해지면서 진한 갈색으로 변하면 불을 끈다.
_ 식으면 좀 더 쫄깃해지므로 참고해서 농도를 맞춘다.

남은 밥을 냉동해 모아 두었다가 누룽지를 만들거나 조청, 식혜를 만든다.

달콤한
과일양갱

: : **재료** 한천가루, 귤, 오미자, 복숭아, 꽃

: : **만들기**
1 귤, 복숭아는 따로 믹서에 곱게 갈아 체에 받친다.
2 오미자는 진하게 우려내어 걸러 둔다.
3 과일즙을 끓이다가 한천가루를 넣고 약한 불에 끓여 준다.
  이때 과일즙과 한천가루의 비율은 7 대 1로 한다.
4 불을 끄고 한 김이 나간 후 70도 정도 되면 모양틀에 붓는다.
5 과일이나 꽃 등으로 기호에 따라 장식한 후 냉장고에 서너 시간 굳힌다.

약이 되는 쑥버무리

쑥은 단오 이전에라야 약이 된다는 말을 들은 적이 있다. 그래서인지 절에서는 단옷날 이전에 쑥국과 쑥전, 쑥겉절이, 쑥튀김, 쑥즙으로 봄이 왔음을 알린다. 오늘은 어제 캐 온 쑥이 양이 제법 많아 어렸을 적 먹은 쑥버무리(쑥털털이)를 해 보기로 했다. 이른 봄의 쑥이라 그런지 찜솥에서 쑥향이 진하게 배어 나온다.

:: **재료** 쑥, 쌀가루, 소금

:: **만들기**
1 쑥은 깨끗이 다듬어 씻은 후 한나절 건져 둔다.
2 준비한 쌀가루를 살살 뿌려 섞은 뒤 찜솥에 안친다.
3 김을 올린 후 불을 낮추고 10분 정도 찐다.
4 불을 끄고 5분 정도 다시 뜸을 들인다.
5 쑥에 살짝 묻힌 쌀가루가 김에 의해 충분히 익으면 다 된 것이다.

600년 은행나무
은행잎차와 열매

::**재료** 은행잎, 은행열매

::**만들기**

1 은행잎은 봄에 돋는 새순으로 따서 한 번 헹군 후 찌거나 덖어 말린다.
2 은행열매는 다과류나 밥, 탕 등 조리에 이용한다.

불영사 경내에 들어서면 법당 가는 길 오른쪽으로 큰 은행나무가 금방 눈에 들어온다. 태풍에 중간이 잘리어 그 우람함이 줄어들긴 했지만 다행히 치료를 잘 받아 열매도 제법 많이 열리고 잎도 무성하다. 은행나무는 불에 잘 타지 않고 병충해에 강해 1,000년 이상을 살며, 은행 열매는 맛과 향이 뛰어나고 영양이 풍부하여 여러 음식의 재료로 이용된다.
은행나무의 껍질, 뿌리는 약용으로 쓰이며 은행잎의 '징코민' 성분은 천연 혈액순환 촉진제로 치매나 뇌기능 개선제로 사용된다고 한다. 또한 살균, 방충 작용으로 인해 장독 안의 꽃가지나 책 속의 좀벌레 방지에도 도움을 준다.
열매는 폐결핵 환자나 천식 환자가 복용하면 기침에 좋고 가래를 삭이는 효과가 있다고 한다. 하루에 7알 이하가 적당하며 날것은 중독성이 있으므로 반드시 조리해서 먹도록 한다.

노스님께 배우다
김자반

절에서 스님들은 외출할 때면 살짝 적신 누룽지로 식사를 대신하기도 하고 자른 다시마로 멀미를 예방하기도 한다. 김자반은 약간 짭짤하면서 고소한 맛이 병행되어 차를 마시거나 죽을 먹을 때 곁들인다. 먼 여행길에 함께하면 더없이 좋은 간식이 된다.

:: **재료** 김, 찹쌀, 제피잎

:: **양념재료** 잣, 생강, 집간장, 고춧가루, 소금, 통깨, 물

:: **만들기**
1 찹쌀은 씻어 불린 후 묽게 죽을 쑨다.
2 잣과 생강은 각각 믹서에 갈아 놓는다.
3 제피잎은 헹군 다음 물기를 뺀다.
4 찹쌀 죽에 양념재료를 넣고 골고루 섞는다.
   _ 잣과 생강은 많다 싶을 정도로 넉넉히 준비한다.
5 만들어진 양념장에 김을 담근 후 살짝 짜서 비닐에 펼쳐 말린다.
6 김 위에 통깨나 제피잎을 뿌린다.
   _ 얇은 김은 반으로 접어 사용한다.
7 꾸덕하게 마르면 차례대로 포개어 무거운 것으로 눌러 준다.

사찰음식 문화향연과
산사음악회를 즐기고

남기는 글

262

사찰음식 문화향연과 산사음악회를 즐기고 남기는 글

경치와 음식이 조화로워서 입도 눈도 즐거웠습니다.
사람이 많아서 혼잡하긴 했지만
그게 바로 행사의 묘미가 아닐까요?
모두 성불하십시오.

연못이 멋진 불영사.
유치원 식구들과 함께 와서 더욱 즐거운 시간이었습니다.
맛있는 것도 많이 먹고….
단풍이 더욱 우거진 깊은 가을에 다시 한번 찾고 싶어요.

만인을 위한 산사음식과 나눔의 정을 느낄 수 있고
주최해 주신 불영사에 감사드립니다. - 거제 허만호-

산수풍광 수려한 불영사의 가을.
아내와 함께 들른 이 길이 마냥 아름답습니다.
행사를 축하합니다.

대전에서 처음으로 구경왔는데
너무나도 웅장하고 준비를 많이 하셨네요.

재미있게 놀다 갑니다.
다음에도 이 행사를 했으면 좋겠습니다.
수고하신 분들께 감사드립니다.

울진에 이런 곳이 있다니!! 멋지네요.

가을 정취와 어울려 음식과 음악 모두 좋았어요.
수고하셨습니다.

스님, 존경합니다
늘 그 자리에 계시면서 언제나 번뇌 가득한
중생의 마음속에 희망의 나무 심어 주십시오.
건강하십시오.

공기 좋은 불영사에 올 때마다 감동 받습니다.
기회가 되면 또 오겠습니다.
가족의 화목과 건강을 바랍니다.

수고하신 모든 분들께 감사드리고
성불하소서.
감사히 잘 먹고 갑니다.

사찰음식 참 맛있다.
근데 장소와 사람이
너무 많아서 좀 혼잡스럽다.
요즘 아이들이 아토피가 많아서
걱정이었는데 많이 배우고 갑니다.
좋은 먹거리는 자연에 있나 봅니다.

스님, 감사합니다.
자연과 사람이 어우러져 한 폭의 수채화 같군요.
-대덕화-

불영사는 우리 가족에게 행복을 주었습니다.
-김정경-

여행길에 만난 행운.
부처님께 감사드리며
이렇게 귀한 음식 맛나게 먹고 갑니다.
정말 정갈하고 맛있는 음식에 감사드리며
부처님의 자비를 느낍니다.

이 절 저 절 다 다녀 보아도
불영사만큼 맛있는 음식!
정말 맛있게 먹고 갑니다. 감사합니다.
임수호 임은영 파이팅

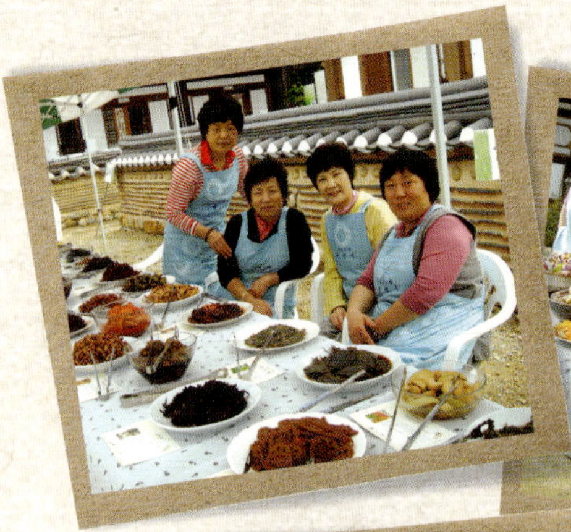

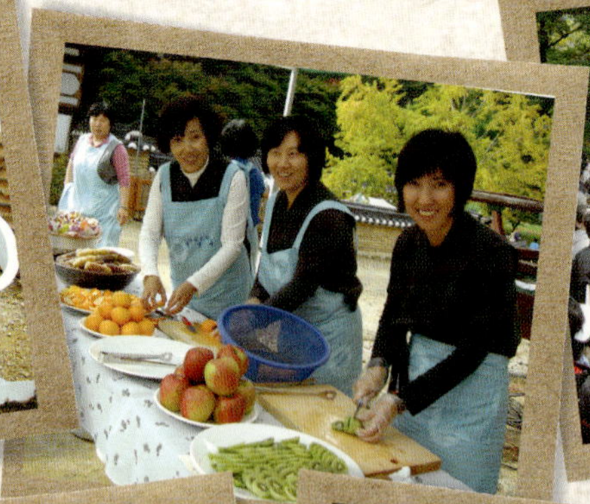

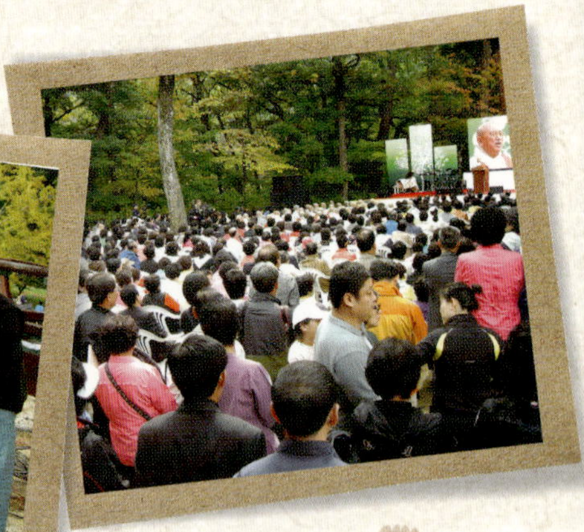

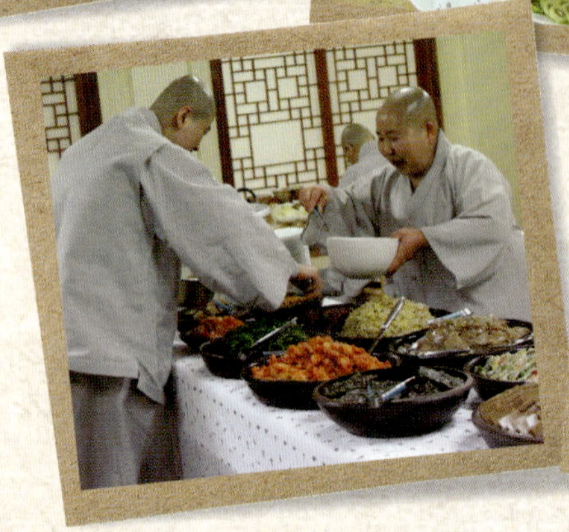

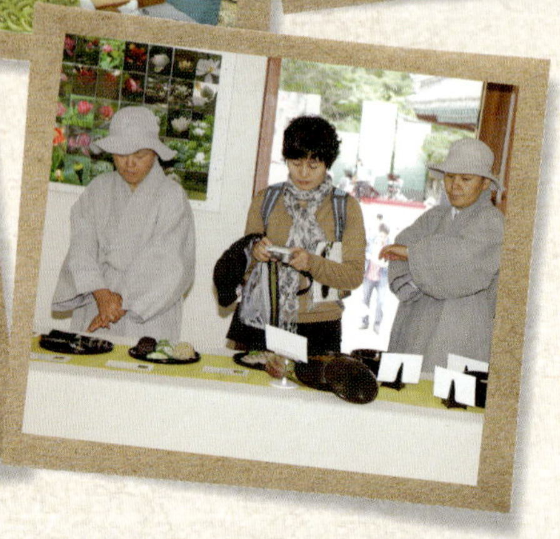

겉절이·샐러드·쌈류
입맛이 떨어질 때 OK!
소화가 안 될 때 OK!
버섯·나물류

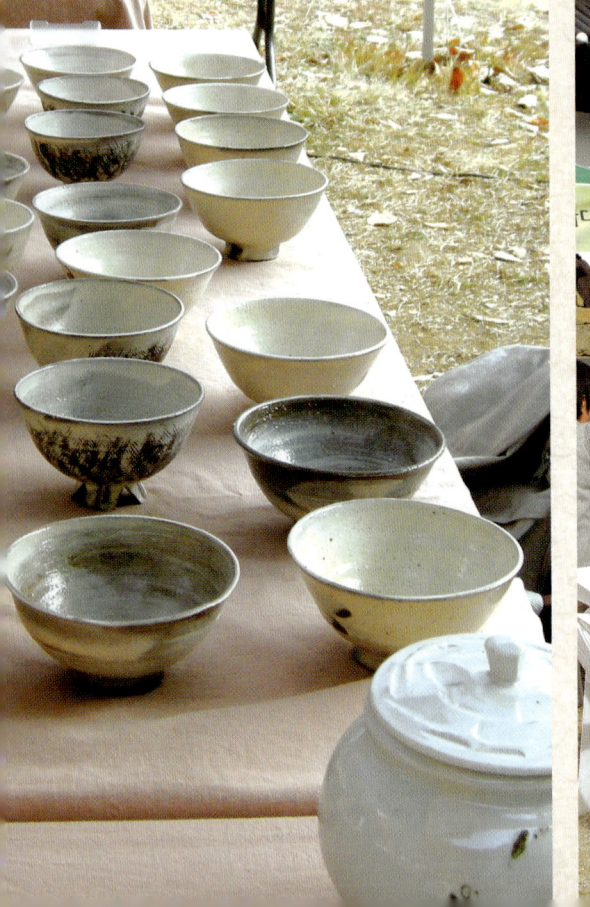

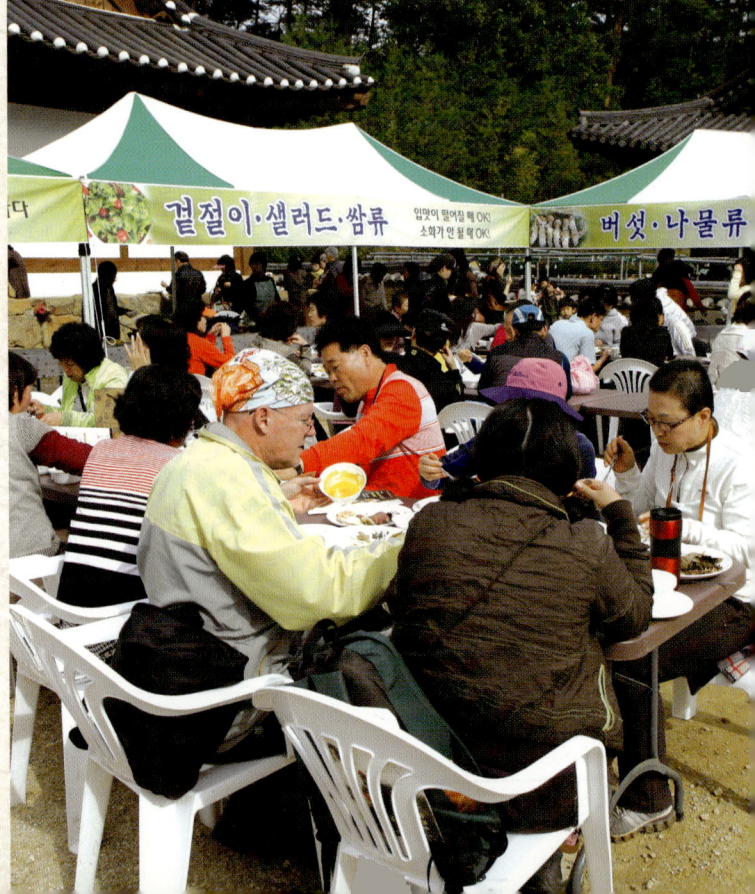

사찰음식 문화향연과
산사음악회를 즐기고
남기는 글

산 소나무 물 그리고 난생 처음 맛난 성찬!!
행복을 한아름 안고 갑니다.
부처님의 은덕이 온 세상에 널리 퍼지기를.

몸과 마음이 정화되는 듯한 행사였습니다.
좋은 경험 할 수 있게 마련해 주신 분들,
감사합니다.

이런 행사. 놀랍기도 합니다.
절에 와서 절도 하고 맛난 점심도 먹고 갑니다.
맘이 풍요로워지고 건강하시길.

정성 가득한 음식 감사하게 잘 먹고 갑니다.
좋은 추억 주셔서 감사합니다.
감사한 마음으로 살겠습니다.

내가 아는 모든 사람 행복하게 해 주세요. -병찬-

우연히 가다 들른 불영사.
가족여행의 좋은 추억 담아 갑니다.

정말 운치 있고 아름다운 사찰이에요.
가을 하루 잘 보내고 갑니다. -서울 나그네-

정말 재미있었고 좋았다.
다음 번에 또 오고 싶다. -이민재-

다양한 음식들도 먹고 가을 전경을 즐기고
음악회를 통해 마음도 가다듬고
귀한 시간 보내고 가요!!
여름에 꼭 다시 한 번 더 와 보고 싶네요.

얼떨결에 뭐하는지도 모르고
"불영사 가자"라는 말을 듣고 왔는데
뜻밖의 대박을 맞았다. 정말 좋다. 뿌듯합니다.

울진의 전통문화로 계승 발전되길 기대하며…
수고하신 모든 분들 감사드립니다.
멋진 기획! 알찬 행사!

맑은 공기와 깨끗한 음식
즐거운 노래들.
행복한 시간이었습니다.

수고하셨어요.
천문동으로 약밥을 지어 만드셨는데
몸에도 좋고 색깔도 달라 생소하면서도
맛이 참 좋았습니다.
좋은 체험 감사합니다.

감사합니다.
가는 가을 어느 날… 행복했습니다.
성불하십시오. -어느 불자가-

참 좋은 행사에 참여하게 되어서 영광입니다.
수고하신 모든 분들에게 부처님의 가호가
가득하길 기원해 봅니다.
우리 모두에게도 좋은 날 되게 하소서.

불영사 뜻깊은 행사에 우연히 참석하여
좋은 음식 좋은 음악,
잘 먹고 듣고 갑니다.

우연히 들른 불영사.
정말 좋은 추억 남기고 갑니다.
성불하소서.

● 편집후기

여기가 끝이 아니므로

평소 상차림보다 화려하고 멋스럽다.
요즘 같으면 소쿠리에 상추와 풋고추를 담고 나물 한두 가지면 풍족한 것을….
그래도 여기저기 조금은 투박하고 촌스러움이 보이니 오히려 다행이다 싶다.
소제목으로 붙은 '화합의 장' '노스님께 배우다' '염화미소'는
내 마음을 훈훈하게 만든다. 전체 이야기가 이 속에 담겨 있는 것은 아닐까 싶어서이다.
두 번의 음식축제를 위해 많은 분들이 참여하고 빛을 내 주셨다.
이 자리에 다 올리지 못한 아쉬움이 있으나 김치, 나물, 버섯, 장아찌, 전 등으로
주제를 가지고 만드는 방법을 연구·소개하면서 천천히 풀어갈 참이다.
소임을 사는 동안 역량이 부족함을 느끼며 이런저런 마음이 일어날 때마다
자신이 부처임을 믿고 겸손하고 끝없이 노력해 나가라는 은사스님의 말씀이
유난히 마음깊이 새겨진다.

_원주 여 몽 합장

| 참고문헌 |

불영사 원주일지
불영사 별좌일지 1, 2
불영사 별식일지
불영사 채공일지
불영사 공양주일지

동의보감
채식요리법, 칭하이무상사국제협회
한국사찰음식, 김연식, 우리출판사, 1997
전통사찰음식, 적문, 우리출판사, 2000
자연을 담은 소박한 밥상, 녹색연합, 북센스, 2005
사찰음식순례(대전, 충청편), 대한불교조계종 총무원, 2010
천축산 불영사, 대한불교진흥원, 2010

불영이 감춘 스님의 비밀레시피

초판 1쇄 발행 2011년 10월 15일
초판 16쇄 발행 2021년 10월 1일

지은이   일운 스님
편집인   여몽 스님
편집처   불영사(경북 울진군 금강송면 불영사길 48 / 054)783-5004)

발행인   오세룡
펴낸곳   담앤북스
편집   손미숙 박성화 전태영
디자인   고혜정 김효선
홍보 마케팅 이주하

펴낸곳   담앤북스 | 출판등록 제300-2011-115호
          주소 서울시 종로구 새문안로3길 23 경희궁의 아침 4단지 805호
          전화 02)765-1251 | 전송 02)764-1251
          전자우편 damnbooks@hanmail.net

ISBN 978-89-966855-1-7 13590

이 책은 저작권 법에 따라 보호받는 저작물이므로 무단전재와 복제를 금지하며,
이 책 내용의 전부 또는 일부를 이용하려면 반드시 저작권자와 담앤북스의 서면동의를 받아야 합니다.

정가 18,000원

ⓒ 일운 스님 2011